Virginia Woolf

Rêves de femmes
Six nouvelles

Traduites et annotées par Michèle Rivoire

Précédé de l'essai de Virginia Woolf
« Les femmes et le roman »

Traduit et annoté par Catherine Bernard

Chronologie et bibliographie
de Catherine Bernard

Gallimard

LES FEMMES ET LE ROMAN[1]

*Le titre de cet article peut se lire de deux façons :
il peut renvoyer aux femmes et à la fiction qu'elles
écrivent, ou aux femmes et à la fiction qui s'écrit
à leur propos. L'ambiguïté est délibérée car, si l'on
souhaite traiter des femmes écrivains, la plus grande
souplesse est de mise ; il est nécessaire de s'accorder un peu de place pour traiter d'autres sujets que
leurs œuvres, tant celles-ci ont été influencées par
des circonstances totalement extérieures à leur art.*

*L'examen, même le plus superficiel, de la littéra-
ture produite par les femmes soulève d'emblée toutes
sortes de questions. Pourquoi, se demande-t-on, les*

---

1. Cet essai est paru dans la revue *Forum* en mars 1929. Il
reprend en grande partie les textes de deux conférences don-
nées à Cambridge en octobre 1928. Il fut inclus par Leonard
Woolf dans le volume d'essais choisis, *Granite and Rainbow*,
publié en 1958 par la Hogarth Press. Ce texte anticipe sur
nombre d'arguments que Virginia Woolf développe plus avant
dans son essai *Une chambre à soi*, publié par la Hogarth Press
en octobre 1929, en particulier ceux qui ont trait aux conditions matérielles de l'émancipation des femmes et au lien entre
liberté et créativité littéraire. — Toutes les notes sont de la
traductrice.

femmes n'ont-elles pas écrit de manière soutenue avant le XVIIIe siècle ? Pourquoi se mirent-elles alors à écrire aussi naturellement que les hommes pour produire sans interruption quelques-uns des classiques de la fiction anglaise ? Et pourquoi leur art a-t-il pris et prend-il encore la forme de la fiction ?

Très vite nous comprenons que ce sont là des questions qui, pour toute réponse, ne susciteront que d'autres fictions encore. La réponse se cache aujourd'hui dans des journaux intimes fanés, au fond de tiroirs poussiéreux, dans la mémoire presque effacée du grand âge. On la trouve dans les vies obscures[1] — dans les couloirs sombres de l'histoire où se devinent à grand-peine les silhouettes vacillantes de générations de femmes. L'histoire de l'Angleterre est l'histoire de la branche masculine, non celle de la branche féminine. De nos pères nous parviennent toujours faits et honneurs. Ils étaient soldats ou marins ; ils assumèrent telle charge ou élaborèrent telle loi. Mais de nos mères, grand-mères ou arrière-grand-mères, que nous reste-t-il ? Rien, si ce n'est quelques anecdotes. L'une était belle ; l'autre rousse ; une autre encore reçut un baiser de la Reine. Nous ne savons rien d'elles si ce n'est leur nom, la date de leur mariage et le nombre d'enfants qu'elles mirent au monde.

C'est ainsi qu'il s'avère extrêmement difficile de dire pourquoi, d'une époque à l'autre, les femmes se

---

1. L'image des vies obscures est déjà introduite dans une suite de trois courts essais publiés dans le recueil *Le Commun des lecteurs*, paru en 1925.

comportèrent de telle ou telle manière, ou pourquoi
elles n'écrivirent rien, ou pourquoi, à l'inverse, elles
nous donnèrent des chefs-d'œuvre. Quiconque se
plongerait dans ces vieux papiers, mettrait l'histoire
sens dessus dessous pour faire le portrait fidèle de
la vie quotidienne des femmes ordinaires à l'époque
de Shakespeare, de Milton ou de Johnson[1], n'écrirait
pas seulement un livre tout à fait passionnant, mais
offrirait au critique des armes qui aujourd'hui lui
font défaut. Les femmes extraordinaires dépendent
des femmes ordinaires. Ce n'est qu'à condition de
connaître les circonstances de la vie d'une femme
ordinaire — combien elle avait d'enfants, si elle
avait quelque argent à elle, si elle avait un lieu à
elle, si elle était secondée dans la vie du foyer, si
elle avait des domestiques, si l'entretien de la maison lui incombait —, ce n'est qu'à condition de
comprendre quelle forme de vie et quelle expérience
de la vie étaient celles des femmes ordinaires que
nous pourrons expliquer les réussites et les échecs
littéraires de celles qui sont hors du commun.

De curieux espaces de silence semblent séparer
les périodes où elles furent créatives. Il y eut Sappho et un petit groupe de femmes qui toutes écrivirent de la poésie sur une île grecque six cents ans
avant la venue du Christ. Puis elles se taisent. Puis
vers l'an 1 000 on croise, au Japon, une dame de

---

1. John Milton (1608-1674), poète et homme de lettres, est
entre autres l'auteur du *Paradis perdu* (1667). Samuel Johnson (1709-1784 ; aussi connu sous le nom de Dr Johnson, en
raison de son titre universitaire) publia en 1755 un célèbre
dictionnaire.

la cour, dame Murasaki, qui écrit un très long et
très beau récit[1]. Mais en Angleterre, au XVIe siècle,
alors que s'activaient dramaturges et poètes, les
femmes restent muettes. La littérature élisabé-
thaine est exclusivement masculine. Puis, à la fin
du XVIIIe siècle et au tournant du XIXe siècle, nous
croisons en Angleterre des femmes qui, en grand
nombre, s'adonnent à l'écriture et le font avec succès.

Les lois et les mœurs expliquent, dans une large
mesure, que se succèdent ainsi parole et silence.
Quand une femme risquait, comme c'était le cas
au XVe siècle, d'être frappée et rudoyée si elle refusait
d'épouser l'homme que ses parents avaient choisi
pour elle, l'esprit du temps n'était guère propice
à la production d'œuvres d'art. Quand elle était
mariée, contre sa volonté, à un homme qui aussitôt
devenait son seigneur et maître, « dans les limites
imparties par la loi et la coutume[2] », comme cela
était le cas au temps des Stuarts[3], il est probable
qu'elle avait peu de temps à consacrer à l'écriture,
et qu'elle n'y était guère encouragée. De l'effet considérable de l'environnement et des influences qui
peuvent s'exercer sur l'esprit, nous commençons à
peine, en cet âge de la psychanalyse, à prendre la

1. Virginia Woolf fait allusion au *Dit du Genji*, attribué à
une aristocrate, dame Murasaki, qui vécut à la cour impériale
de l'actuelle Kyoto.
2. La citation est extraite de l'*Histoire de l'Angleterre* de l'historien George Macaulay Trevelyan, publiée en 1926.
3. La dynastie des Stuarts régna sur l'Écosse à partir de la
fin du XIVe siècle, puis sur l'Angleterre de 1603 à 1714, à l'exception de la période du Commonwealth de Cromwell.

mesure. De même — Mémoires et correspondances nous sont ici d'un grand secours —, nous commençons tout juste à comprendre combien l'effort requis pour produire une œuvre d'art nous est peu naturel et combien l'esprit de l'artiste doit être protégé et conforté. La vie et la correspondance des hommes de lettres que furent Keats, Carlyle[1] ou Flaubert sont là pour nous le confirmer.

Ainsi, il apparaît clairement que l'extraordinaire effervescence que connut la fiction au début du XIXᵉ siècle en Angleterre fut préparée par une profusion d'infimes changements dans les lois, les coutumes et les mœurs. Sans oublier que les femmes du XIXᵉ siècle avaient un peu de temps à elles ; et avaient reçu une éducation. Il n'était plus exceptionnel de voir les femmes des classes moyennes et supérieures choisir leur mari. Et l'on doit souligner que parmi les quatre grandes romancières de la période — Jane Austen, Emily Brontë, Charlotte Brontë et George Eliot[2] — pas une n'eut d'enfant et que deux ne se marièrent jamais.

Et pourtant, quand bien même l'interdit qui frappait l'écriture avait été levé, il semble bien qu'une pression considérable s'exerçait sur les femmes afin qu'elles écrivent de préférence des romans. Quatre femmes plus différentes que ces quatre femmes ne se pouvaient trouver, tant pour leur génie que pour leur caractère. Jane Austen et George Eliot n'avaient rien

---

1. Keats : poète romantique anglais (1795-1821). Carlyle : philosophe anglais (1795-1881).
2. Jane Austen (1775-1817), Emily Brontë (1818-1848), Charlotte Brontë (1816-1855), George Eliot (1819-1880).

*en commun ; et George Eliot était l'opposé d'Emily
Brontë. Et pourtant toutes quatre avaient été préparées à embrasser la même profession : toutes, quand
elles se mirent à écrire, écrivirent des romans.*

*La fiction était alors, et reste aujourd'hui, la chose
la plus aisée à écrire pour une femme. Et il n'est
guère difficile de comprendre pourquoi. Un roman
est la forme d'expression la moins concentrée qui
soit. Un roman peut être repris et laissé de côté un
moment plus aisément qu'une pièce ou un poème.
George Eliot mettait son œuvre entre parenthèses
pour veiller sur son père. Charlotte Brontë posait sa
plume pour ôter les yeux des pommes de terre. Et
vivant comme elles le faisaient dans le salon commun, entourées de gens, les femmes savaient user de
leur esprit pour observer et analyser les caractères.
Elles étaient préparées à être des romancières et non
des poètes.*

*Même au XIXᵉ siècle, les femmes vivaient presque
exclusivement dans leur foyer et dans leurs émotions.
Et ces romans du XIXᵉ siècle, tout remarquables qu'ils
soient, étaient profondément influencés par le fait
que les femmes qui les écrivirent n'avaient, du fait de
leur sexe, pas accès à certaines formes d'expérience.
On ne saurait nier que l'expérience a une influence
considérable sur la fiction. La majeure partie de
l'œuvre de Conrad[1], par exemple, serait inexistante
s'il n'avait pu se faire marin. Retirez à Tolstoï tout*

---

1. Joseph Conrad (1857-1924) est entre autres l'auteur de
Lord Jim (1900), inspiré, comme la plupart de ses œuvres, par
son expérience dans la marine marchande.

ce que le soldat qu'il était savait de la guerre, tout ce que le jeune homme qu'il était — riche, éduqué, et par là même ouvert à toutes sortes d'expériences — savait de la vie et du monde et Guerre et paix *s'en trouverait étonnement appauvri.*

Et pourtant, Orgueil et préjugés, Les Hauts de Hurlevent, Villette *et* Middlemarch[1] *furent écrits par des femmes à qui on refusa toute forme d'expérience hormis celle offerte par un salon de la classe moyenne. Elles ne pouvaient avoir d'expérience de première main de la guerre, de la vie en mer, de la politique ou des affaires. Même leur vie émotionnelle était strictement régulée par les lois et les coutumes. Lorsque George Eliot osa vivre avec Monsieur Lewes sans être sa femme, l'opinion publique en fut scandalisée[2]. Sous sa pression, elle fut contrainte de vivre une vie de recluse dans une banlieue éloignée qui, inévitablement, eut le pire des effets sur son œuvre. Elle avouait qu'à moins que ses connaissances ne manifestent expressément le désir de venir la voir, elle n'invitait personne. Au même moment, à l'autre bout de l'Europe, Tolstoï vivait la vie libre d'un militaire, côtoyant des hommes et des femmes de toutes origines, ce dont*

1. *Orgueil et préjugés* de Jane Austen est paru en 1813 ; *Les Hauts de Hurlevent* d'Emily Brontë, en 1847 ; *Villette* de Charlotte Brontë, en 1853 ; *Middlemarch* de George Eliot, en 1871-1872. Virginia Woolf consacra des essais à chacune de ces romancières.
2. George Eliot et le philosophe et homme de sciences George Henry Lewes vécurent ensemble sans être mariés durant vingt-cinq ans, en dépit de la désapprobation de la bonne société victorienne.

personne ne lui tint rigueur et ce qui confère à ses romans leur étonnante ampleur et leur vigueur.

Mais les romans de femmes n'étaient pas seulement affectés par l'étroitesse contrainte de leur expérience d'écrivain. Ils manifestaient, tout du moins au XIXe siècle, un autre trait qui peut s'expliquer par le sexe de leur auteur. Dans Middlemarch *et dans* Jane Eyre[1], *nous avons conscience non pas simplement du caractère de l'écrivain, comme nous le sommes du caractère de Charles Dickens, mais nous percevons aussi une présence féminine — celle de quelqu'un qui s'insurge contre le traitement réservé à son sexe, et qui défend ses droits. Ceci introduit dans l'écriture des femmes une caractéristique dont l'écriture des hommes est dépourvue, à moins qu'il ne s'agisse d'un homme des classes laborieuses, d'un Noir, ou encore d'un homme conscient qu'un handicap l'entrave. Ceci introduit une distorsion et induit souvent une forme de faiblesse. Le désir de plaider une cause personnelle ou de faire des personnages les relais d'une insatisfaction ou d'un ressentiment a toujours pour effet de nous distraire, comme si le point sur lequel l'attention du lecteur doit se concentrer était soudain double et non unique.*

Le génie de Jane Austen et d'Emily Brontë n'est jamais si convaincant que dans leur aptitude à balayer injonctions et suggestions et à aller de l'avant, indifférentes au mépris et aux admonestations. Mais il fallait un esprit des plus sereins et

---

1. *Jane Eyre* de Charlotte Brontë fut publié en 1847.

déterminés pour résister à la tentation de la colère. La dérision, les reproches, la certitude de leur infériorité qu'on opposait sans relâche aux femmes qui pratiquaient quelque art que ce soit ne pouvaient que susciter une telle réponse. On en perçoit l'effet dans l'indignation qui est celle de Charlotte Brontë, ou dans la résignation qui est celle de George Eliot. On perçoit fréquemment cette colère dans les œuvres de femmes écrivains moins vénérables — dans les sujets qu'elles se choisissent, dans leur tendance forcée à s'affirmer, comme dans leur docilité contrainte. Ainsi une forme d'insincérité se fait jour presque inconsciemment. Leur perspective est celle de la déférence envers l'autorité. Elle devient indûment masculine ou indûment féminine ; elle perd de son intégrité et, par conséquent, la qualité essentielle qui fait une œuvre d'art. Le grand changement qui s'est fait jour dans l'écriture des femmes est un changement d'attitude. Les femmes écrivains ne sont plus en colère. Leurs écrits ne revendiquent ni ne récriminent plus. Nous approchons, à moins que nous ne l'ayons déjà atteint, ce moment où leur écriture ne sera qu'à peine affectée par des influences extérieures, voire en sera exempte. Elles pourront s'absorber dans leur vision sans être détournées de leur but. Le détachement atteint par les véritables génies est presque à la portée des femmes ordinaires. C'est pourquoi les romans publiés tous les jours par les femmes sont bien plus authentiques et bien plus intéressants qu'ils ne l'étaient voilà cent ou même cinquante ans.

Mais il reste qu'une femme, avant de pouvoir écrire exactement comme elle l'entend, rencontre encore bien des difficultés. Il y a, en premier lieu, cette difficulté technique — si simple apparemment et en fait si déconcertante — que la forme même de la phrase ne lui convient pas. La phrase a été façonnée par les hommes ; elle est trop lâche, trop pesante, trop emphatique pour convenir aux femmes. Et pourtant le roman, qui couvre un espace si vaste, doit nous offrir un type de phrase ordinaire et banale qui pourra accompagner le lecteur avec aisance et naturel, du début à la fin du livre. Et il faut que les femmes se forgent une telle phrase, en transformant et en adaptant la phrase que nous connaissons jusqu'à trouver celle qui s'accordera à la forme naturelle de leur pensée, sans l'étouffer ou la déformer.

Mais ceci n'est, finalement, qu'un moyen pour atteindre leur but, et leur but, encore aujourd'hui, n'est atteint qu'à condition que les femmes aient le courage de surmonter les antagonismes et qu'elles trouvent aussi la détermination d'être fidèles à elles-mêmes. Un roman, après tout, propose des points de vue sur toutes sortes de choses — humaines, naturelles ou divines ; il se donne pour but de les relier entre elles. Dans tous les romans dignes d'intérêt ces différents éléments sont maintenus en équilibre par la vision de l'écrivain. Mais ils se conforment aussi à un autre ordre, qui leur est imposé par la tradition. Et puisque les hommes sont les arbitres de cette tradition, et qu'ils ont établi une hiérarchie des valeurs régissant l'existence ; puisque la fiction est, pour une large part, fondée sur la vie, ces valeurs sont celles qui, pour l'essentiel, y prévalent aussi.

Nul doute que, dans la vie comme dans l'art, les

valeurs des femmes ne sont pas celles des hommes. C'est pourquoi, quand une femme en vient à écrire un roman, elle n'a de cesse de modifier les valeurs établies — pour rendre intéressant ce qui semblerait insignifiant à un homme et trivial ce qui lui semble important. Et ceci, cela va sans dire, lui vaudra bien des reproches ; car les critiques du sexe opposé seront sincèrement décontenancés et surpris par cette tentative de modifier l'échelle des valeurs et n'y verront pas juste une différence de point de vue, mais un point de vue défaillant, futile ou sentimental, pour la simple raison qu'il diffère du leur.

Mais là encore, les femmes commencent à s'émanciper de l'opinion. Elles commencent à respecter leur propre sens des valeurs. Et c'est la raison pour laquelle leurs romans commencent à se donner des sujets quelque peu différents. Elles semblent moins intéressées par leur propre sort ; elles semblent, en revanche, plus intéressées par le sort des autres femmes. Au début du XIXᵉ siècle, les romans écrits par les femmes étaient, dans une large mesure, autobiographiques. L'une des motivations qui les poussaient à écrire était le désir de donner à voir leurs propres maux, et de plaider leur cause. Maintenant que ce désir n'est plus si pressant, les femmes commencent à étudier leur propre sexe, à parler des femmes comme aucune femme n'en a parlé jusqu'à présent ; car, bien sûr, jusqu'à tout récemment, les femmes que l'on croisait dans la littérature avaient été imaginées par les hommes.

Ici encore, bien des difficultés restent à surmonter, car — on nous pardonnera cette généralisa-

tion — non seulement les femmes se prêtent moins aisément à l'analyse que les hommes, mais ce qui fait leur vie échappe aux méthodes habituelles par lesquelles nous examinons et sondons l'existence. Souvent, rien de tangible ne subsiste de la journée d'une femme. La nourriture, une fois cuisinée, a été mangée ; les enfants qui ont été élevés ont quitté la maison. Que retenir ? À quel point saillant le romancier peut-il se raccrocher ? Difficile à dire. Sa vie a quelque chose d'anonyme qui est tout à fait déconcertant et troublant. Pour la première fois, la fiction commence à explorer cette contrée obscure ; et les femmes doivent parallèlement relater les changements induits dans l'esprit et la vie des femmes par leur accès à de nouveaux métiers[1]. Elles doivent observer la façon dont leur vie n'est plus souterraine ; elles doivent découvrir quelles couleurs et nuances elles arborent maintenant qu'elles se confrontent au monde extérieur.

Si l'on devait essayer de résumer ce qui caractérise la fiction écrite aujourd'hui par les femmes, on pourrait dire qu'elle est courageuse ; qu'elle est sincère ; qu'elle se tient au plus près de ce que ressentent les femmes. Elle est sans amertume. Elle ne met pas en avant sa féminité. Mais en même

---

1. En 1931 Virginia Woolf consacre une conférence importante à l'accès des femmes à de nouveaux métiers : « Professions for Women » (« Des professions pour les femmes »). La conférence sera reprise dans le volume d'essais posthume, *La Mort du phalène*, publié par Leonard Woolf, à la Hogarth Press, en 1942. Voir aussi *Essais choisis*, trad. et éd. Catherine Bernard, Folio classique, p. 391.

temps, les livres écrits par les femmes ne sont pas écrits comme seraient écrits ceux des hommes. Ces qualités se rencontrent plus largement que par le passé et elles confèrent même aux œuvres mineures une valeur de vérité et la marque de la sincérité.

Mais, plus encore que ces qualités indéniables, il en est deux autres qui méritent qu'on s'y intéresse. Les changements grâce auxquels la femme anglaise n'est plus cette présence indistincte, évanescente et floue, mais une électrice, qui travaille et qui est une citoyenne responsable, donnent à sa vie et à son art quelque chose d'impersonnel. Ses liens ne sont désormais plus seulement émotionnels ; ils sont intellectuels, ils sont politiques. Le système ancien qui la condamnait à observer les choses de biais, comme filtrées par le point de vue ou les intérêts d'un mari ou d'un frère, a laissé la place aux intérêts immédiats et concrets d'une femme qui doit agir pour son propre compte et non plus se contenter d'influencer les faits et gestes des autres. Dès lors son attention se détourne de la sphère personnelle qui jadis la sollicitait tout entière, pour se porter vers la sphère impersonnelle, et ses romans se font naturellement plus critiques de la société et moins soucieux des vies individuelles.

On peut s'attendre à ce que le rôle de mouche du coche agaçant l'autorité qui, jusqu'à présent, a été une prérogative masculine, soit désormais assumé par les femmes. Leurs romans traiteront des maux de la société et de leurs possibles remèdes. Les hommes et les femmes n'y seront pas observés sous l'angle de leurs seules relations affectives mais *dans la manière dont ils se constituent en groupes, classes et races qui s'opposent. C'est là un changement d'importance. Mais il en est un plus intéressant pour qui préfère les papillons aux mouches du coche — c'est-à-dire les artistes aux réformateurs. L'impersonnalité grandissante de la vie des femmes va favoriser l'esprit de poésie, et c'est cet esprit de poésie qui fait encore quelque peu défaut à la fiction des femmes. Il les amènera à être moins absorbées par les faits et à ne plus se satisfaire d'enregistrer avec une précision étonnante les plus infimes détails que la réalité porte à leur attention. Elles regarderont au-delà des relations personnelles et politiques, vers les questions plus vastes que le poète tente de résoudre — celles de notre destin et du sens de la vie.*

L'approche poétique se construit bien sûr, pour une large part, sur des choses matérielles. Elle requiert un peu de temps libre, un peu d'argent et la possibilité que confèrent revenus et loisirs d'observer les choses de manière impersonnelle et dépassionnée. Pour peu qu'elles jouissent d'un peu d'argent et d'un peu de temps libre, les femmes se mêleront plus que par le passé de l'art d'écrire. Elles feront un usage plus abouti et plus subtil de l'instrument qu'est l'écriture. Leur technique gagnera en audace et en richesse.

Par le passé, la vertu de l'écriture des femmes résidait dans sa spontanéité si divine, semblable à celle du merle ou de la grive. Elle était innocente ; elle venait du cœur. Mais elle était aussi, et ce très souvent, babillante et loquace — simple bavardage déversé sur le papier, séchant en petites flaques et taches. À l'avenir, pour peu qu'on leur accorde un

peu de temps, d'espace et quelques livres, la littérature sera, pour les femmes, comme pour les
hommes, un art que l'on doit étudier. Leur don sera
formé et fortifié. Le roman ne sera plus le déver-
soir d'émotions privées. Il sera, plus encore qu'aujourd'hui, une œuvre d'art comme une autre, et on
en explorera toutes les ressources et les limites.

De là, il n'y a qu'un pas vers les arts plus sophis-
tiqués, jusqu'à présent si peu pratiqués par les
femmes — vers l'écriture d'essais et de textes critiques, d'études historiques ou de biographies. Et
ceci sera du plus grand intérêt pour le roman ;
car outre que cela améliorera la qualité même du
roman, cela découragera les intrus attirés par le
caractère accessible de la fiction, alors que leur
cœur est ailleurs. Ainsi le roman sera-t-il débar-
rassé de ces excroissances historiques et factuelles
qui l'ont aujourd'hui rendu si informe.

C'est ainsi, osera-t-on prédire, que les femmes
en viendront à écrire moins de romans, mais des
romans de meilleure qualité ; et pas seulement des
romans, mais aussi de la poésie et de la critique
et de l'histoire. Mais c'est que, sans nul doute, on
anticipe un âge d'or, peut-être chimérique, où les
femmes auront à leur disposition ce qui leur a été
si longtemps refusé — un peu de temps libre, un
peu d'argent et un lieu à elles.

VIRGINIA WOOLF

Traduction de Catherine Bernard

RÊVES DE FEMMES

Six nouvelles

UN COLLÈGE DE JEUNES FILLES
VU DE L'EXTÉRIEUR

La lune duveteuse ne laissait jamais le ciel s'obscurcir ; toute la nuit les fleurs des marronniers demeuraient blanches parmi le vert ; à peine le cerfeuil sauvage se voyait-il dans les prairies[1]. Les vents des cours intérieures de Cambridge ne couraient ni vers la Tartarie, ni vers l'Arabie, mais ils s'alanguissaient rêveusement au-dessus des toits de Newnham[2]. C'est là, dans ce jardin, qu'elle trouverait peut-être, au besoin, un espace propice à la flânerie, parmi les arbres ; et que, face aux seuls visages féminins qu'elle viendrait à croiser, elle pourrait dévoiler le sien, vide, terne, et jeter un coup d'œil dans des chambres où, à cette heure, dormaient d'innombrables jeunes filles, paupières pâles closes sur des yeux vides, ternes, mains dépourvues de bagues posées à plat sur les draps. Çà et là pourtant, brillaient encore des lumières.

Lumière double dans la chambre d'Angela, aurait-on pu dire, à voir la luminosité d'Angela et celle de son image réfléchie par le miroir

carré. C'était un tout parfaitement défini — l'âme
peut-être. Car l'image du miroir ne vacillait pas
— blanche et or, chaussons rouges, cheveux blond
clair parsemés de pierres bleues, et jamais un
frémissement, jamais une ombre pour briser la
tendre accolade d'Angela avec son reflet dans le
miroir, comme si c'était un bonheur d'être Angela.
En tout cas, l'heure était à la joie — la lumineuse
image formait le cœur de la nuit, un sanctuaire
creusé dans les ténèbres nocturnes. Quelle étrange
preuve visuelle que tout est pour le mieux ; ce lys
flottant sur les eaux du Temps, immaculé, intré-
pide, comme si cela suffisait — ce reflet. Médita-
tion qu'Angela trahit en se retournant, et le miroir
se vida de tout reflet à l'exception du chevet du
lit en laiton, et courant à travers la pièce, une
tape par-ci par-là, empressée, elle devint d'abord
une sorte de ménagère, puis elle changea encore,
se pencha sur un livre relié en noir, lèvres pin-
cées et comptant sur ses doigts, ce qui, à coup
sûr, ne témoignait pas d'une grande connaissance
des sciences économiques. Il faut dire qu'Angela
Williams était à Newnham pour gagner sa vie,
et qu'elle ne pouvait oublier, même dans les
moments de transport passionné, les chèques de
son père à Swansea ; sa mère qui faisait la les-
sive dans l'arrière-cuisine : jupons roses étendus
dehors sur la corde à linge ; signes que même le
lys immaculé ne flotte plus sur les eaux, mais qu'il
a son nom sur un écriteau comme n'importe qui.

   A. Williams — pouvait-on lire au clair de lune ; et
à côté, Mary ou Eleonor, Mildred, Sarah, Phœbe,

sur des cartons carrés apposés sur leurs portes. Des noms, rien que des noms. La froide lumière blanche les ratatinait et les empesait comme si leur unique destin était de se lever à l'appel en ordre militaire, pour aller éteindre un incendie, réprimer une insurrection ou passer un examen. Car tel est le pouvoir des noms inscrits sur des cartons apposés sur des portes. Telle était aussi l'affinité des dallages, corridors et chambres avec une laiterie ou un couvent, lieux de retraite ou de discipline, où la jatte de lait évoque la fraîcheur et la pureté, et où l'on s'adonne à de grandes lessives.

À cet instant précis de petits gloussements se firent entendre derrière une porte. La voix guindée d'une horloge sonna l'heure — un, deux. Or si c'étaient là des ordres émis par l'horloge, ils ne furent pas suivis. Incendie, insurrection, examen furent ensevelis sous les rires, ou bien délicatement écartés, les rires semblant monter des profondeurs en pétillant et doucement éloigner l'heure, les règlements et la discipline. Le lit était jonché de cartes. Sally était assise sur le sol. Helena dans le fauteuil. Cette chère Bertha, mains jointes, se tenait près de la cheminée. A. Williams entra en bâillant.

« Parce que c'est parfaitement et intolérablement détestable, dit Helena.

— Détestable », reprit Bertha. Puis elle bâilla.

« Nous ne sommes pas des eunuques.

— Je l'ai vue se glisser par la porte de derrière avec ce vieux galurin. On ne veut pas que l'on sache.

— On ? demanda Angela. Non, elle. »

Éclat de rire.

On étala les cartes qui tombèrent à l'envers, leurs figures rouges et jaunes contre la table, et l'on plongea les mains dans le tas de cartes. La chère Bertha, tête appuyée au dossier du fauteuil, poussa un profond soupir. Car elle aurait bien voulu dormir, mais puisque la nuit vous offre en libre pâture une prairie illimitée, puisque la nuit est profusion inaltérable, autant se frayer une voie dans ses ténèbres. Il faut la parer de joyaux. La nuit se partageait dans le secret, le jour se passait à brouter en troupeau. Les stores étaient levés. Le jardin était noyé de brume. Elle était assise par terre près de la fenêtre (tandis que les autres jouaient aux cartes), le corps et l'esprit comme volatilisés dans les airs, pour traverser ensemble les buissons. Ah, comme elle aurait voulu s'étendre sur le lit et dormir ! Il lui semblait qu'elle était la seule à éprouver ce besoin de sommeil ; elle croyait humblement — obscurément —, secouée de sursauts, tête dodelinante, que les autres étaient bien éveillées. Quand elles éclatèrent de rire toutes en chœur, dans le jardin un oiseau se mit à gazouiller dans son sommeil, comme si les rires...

Oui, comme si les rires (car elle s'était maintenant assoupie) flottaient dehors tout comme la brume, attachés par de souples lanières flexibles aux plantes et aux buissons, si bien que le jardin n'était que vapeurs et nuées. Alors, soudain balayés par le vent, les buissons se courbaient et la vapeur blanche s'envolait par le monde.

De toutes les chambres où se trouvaient des dormeuses s'exhalait cette vapeur qui s'accrochait aux arbustes, comme la brume, et puis, libérée, s'envolait dans les airs. Les plus âgées dormaient, qui dès leur réveil saisiraient la baguette d'ivoire de leur charge. Pour l'heure lisses et incolores, plongées dans un sommeil profond, elles reposaient, entourées, soutenues par les corps de jeunes filles allongées ou réunies à la fenêtre ; qui déversaient dans le jardin ces rires pétillants, irresponsables, ces rires de l'esprit et du corps dont le flot emportait avec lui les règlements, les heures, la discipline : immense fécondité de ces rires cependant désordonnés, divaguant et s'égarant, et coiffant les rosiers de lanières vaporeuses.

« Ah », murmura Angela, debout à la fenêtre en chemise de nuit. Il y avait de la souffrance dans sa voix. Elle se pencha au-dehors. La brume était coupée en deux, comme fendue par sa voix. Pendant que les autres jouaient, elle avait parlé de Bamborough Castle[1] à Alice Avery ; de la couleur du sable le soir ; sur quoi Alice avait dit qu'elle écrirait pour fixer un jour, en août, puis elle s'était inclinée et l'avait embrassée, ou tout au moins avait effleuré sa tête de la main, et Angela, absolument incapable de rester tranquillement assise, le cœur comme dévasté par une tempête, se mit à faire les cent pas dans la pièce (témoin de la scène), bras tendus pour soulager cette fièvre, cette stupeur qui l'avait saisie lorsque s'était incliné l'arbre miraculeux, un fruit d'or à la cime — ne lui était-il pas tombé dans les bras[2] ? Elle le

pressait, rayonnant contre son sein, objet intouchable, impensable et indicible, que l'on devait se
contenter de laisser briller là. Puis, déposant ses
bas d'un côté et ses chaussons de l'autre, pliant
soigneusement son jupon par-dessus, Angela, Williams de son nom de famille, se rendit compte que
— comment dire ? — après des myriades d'années
de bouillonnement obscur enfin la lumière luisait
au bout du tunnel ; la vie ; le monde. Ils s'éten-
daient à ses pieds — parfaitement bons ; parfaitement aimables. C'était là sa découverte.

En vérité, qu'y avait-il alors de surprenant si,
allongée dans son lit, elle ne pouvait fermer les
yeux — quelque chose l'en empêchait irrésisti-
blement — et si, dans la nuit peu profonde, le
fauteuil et la commode avaient l'air imposants,
et précieuse la glace au teint cendré couleur du
jour ? Suçant son pouce comme un enfant (elle
avait eu dix-neuf ans en novembre), elle reposait
dans la bonté de ce monde, la nouveauté de ce
monde, ce monde au bout du tunnel, jusqu'au
moment où, mue par le désir de le voir ou d'aller
au-devant de lui, elle rejeta ses couvertures pour
se diriger vers la fenêtre, et là, contemplant le jardin où reposait la brume, toutes fenêtres ouvertes,
une chose bleutée, ardente murmurant au loin, le
monde bien sûr, et l'aube se levant, « Oh », fit-elle,
comme si elle souffrait.

UNE SOCIÉTÉ

Voici comment les choses ont commencé. Nous étions six ou sept, un soir après le thé. Les unes regardaient la vitrine de la modiste d'en face, où chatoyaient encore dans la lumière plumes écarlates et mules dorées. D'autres trompaient leur désœuvrement en empilant des morceaux de sucre sur le bord du plateau à thé. Au bout d'un moment, si ma mémoire est bonne, nous nous étions rapprochées de la cheminée pour entonner, selon notre habitude, notre antienne à la gloire des hommes — comme on admirait leur force, leur noblesse, leur intelligence, leur courage, leur beauté — comme on enviait celles qui, coûte que coûte, parvenaient à jeter le grappin sur l'un d'eux, pour la vie — et soudain Poll, qui jusque-là n'avait dit mot, a fondu en larmes. Il faut dire que Poll a toujours été un peu bizarre. Son père lui-même était d'ailleurs un homme singulier. Il lui avait légué une belle fortune, mais à la condition qu'elle lise tous les livres de la London Library[1]. Nous l'avons consolée de notre mieux ; mais nous

savions au fond de nous que nos efforts étaient
vains : nous l'aimons bien, Poll, mais ce n'est
pas une beauté ; avec ses chaussures même pas
lacées ; et pendant notre apologie des hommes,
elle avait dû penser qu'il ne s'en trouverait jamais
un seul pour la demander en mariage. Elle a fini
tout de même par sécher ses larmes. Tout d'abord,
elle nous a raconté des choses incompréhensibles.
Étrangement, elle en avait pleine conscience. Elle
nous a dit, et nous le savions, qu'elle passait le
plus clair de son temps à lire à la London Library.
Elle avait commencé par la littérature anglaise,
au dernier étage ; et progressait méthodiquement
vers le rez-de-chaussée, où se trouvait le *Times*.
Or, voilà qu'à mi-chemin, ou peut-être au quart,
une chose affreuse s'était produite. Impossible de
continuer à lire. Les livres n'étaient pas ce que
nous croyions. « Les livres », a-t-elle déclaré en
se levant, avec dans la voix des accents désolés
que je ne suis pas près d'oublier, « les livres sont
presque tous d'une médiocrité au-delà de toute
expression. »

Nous nous sommes récriées, naturellement ;
Shakespeare et Milton et Shelley en avaient écrit
des livres, non.

« Ah oui ! On voit que vous avez bien appris la
leçon. Mais vous n'êtes pas abonnées à la London
Library, vous ! »

Elle s'est remise alors à sangloter. Puis, un peu
rassérénée, elle a tiré un volume de la pile qu'elle
traînait partout avec elle — *Vu d'une fenêtre* ou
Dans un jardin, quelque chose d'approchant,

œuvre d'un certain Benton ou Henson, un nom comme ça. Elle s'est mise à lire les premières pages. Nous l'écoutions en silence. « Mais ce n'est pas un livre, ça ! » s'est exclamé quelqu'un. Elle en a donc pris un autre. Cette fois, c'était un livre d'histoire dont j'ai oublié l'auteur. Notre exaspération montait au fil de sa lecture. Pas une once de vérité, dans ce livre d'un style exécrable.

Nos exhortations impatientes l'ont interrompue : « De la poésie ! De la poésie ! Lis-nous de la poésie ! » Je ne saurais décrire la consternation qui s'est abattue sur nous quand, ayant ouvert un petit volume, elle s'est mise à déclamer le fatras sentimental et verbeux qu'il contenait.

« C'est sûrement une femme qui a écrit ça », a remarqué l'une d'entre nous avec conviction. Mais non. Poll a répondu que c'était un jeune homme, un des poètes les plus en vue du moment. Je vous laisse imaginer le choc produit par cette découverte. Malgré les hauts cris et les supplications, elle s'est obstinée à nous lire des extraits de *Vies des Grands Chanceliers*[1]. À la fin, Jane, la plus âgée et la plus sage d'entre nous, s'est levée pour dire qu'elle n'était pas du tout convaincue :

« Voyons, si les hommes écrivent de telles sornettes, pourquoi faudrait-il que nos mères aient gâché leur jeunesse à les mettre au monde ? »

Nous nous taisions ; et, dans le silence, on entendait la pauvre Poll répéter en sanglotant : « Pourquoi diable faut-il que mon père m'ait appris à lire ? »

Clorinda a repris ses esprits la première :

« Tout est notre faute. Nous savons toutes lire. Mais aucune, à l'exception de Poll, n'a jamais pris la peine de le faire pour de bon. Pour ma part, j'ai toujours tenu pour acquis qu'une femme a le devoir de passer les années de sa jeunesse à porter des enfants. Je vénérais ma mère pour en avoir porté dix ; et plus encore ma grand-mère qui en avait eu quinze ; j'avais moi-même, je l'avoue, l'ambition d'en porter vingt. Depuis la nuit des temps nous admettons que les hommes sont tout aussi assidus à leur tâche que nous, et que leurs œuvres sont d'un mérite égal aux nôtres. Tandis que nous portons des enfants, eux-mêmes, supposons-nous, enfantent des livres et des tableaux. Nous, nous peuplons le monde. Eux, ils le civilisent. Mais aujourd'hui que nous savons lire, qu'est-ce qui nous empêche de juger sur pièces ? Avant de mettre au monde un seul enfant de plus, nous devons faire le serment d'apprendre à le connaître tel qu'il est, ce monde. »

C'est ainsi que nous avons fondé notre société de questionneuses. L'une d'entre nous devait aller visiter un navire de guerre ; une autre se cacher dans le bureau d'un universitaire ; une troisième assister à des réunions d'hommes d'affaires ; et toutes, nous devions lire des livres, voir des tableaux, aller au concert, parcourir les rues en ouvrant l'œil, et poser des questions en permanence. Nous étions très jeunes et naïves, jugez plutôt : avant de nous séparer ce soir-là, nous sommes convenues que la finalité de la vie était de rendre les êtres meilleurs et de produire de bons livres. Nos questions viseraient à savoir si les hommes mettaient tout en œuvre pour atteindre ce but. Nous avons fait le serment solennel de ne pas mettre un seul enfant au monde avant d'en avoir le cœur net.

Nous voilà donc parties, les unes au British Museum ou à la Marine royale ; les autres à Oxford ou Cambridge ; nous avons visité la Royal Academy[1] et la Tate Gallery et entendu de la musique contemporaine en concert ; nous sommes allées à la Cour royale de Justice[2] et avons assisté à des créations théâtrales. Aucune ne dînait en ville sans poser à son chevalier servant des questions précises dont elle notait scrupuleusement les réponses. Nous nous rencontrions à intervalles réguliers pour comparer nos observations. Ah, c'étaient de joyeux dîners ! Jamais je n'ai autant ri que le jour où Rose nous a lu ses notes sur « l'honneur » et expliqué comment, s'étant déguisée en prince d'Éthiopie, elle était montée à bord d'un navire de Sa Majesté[3]. Ayant découvert le canular, le capitaine était venu la trouver — elle était, cette fois, travestie en homme ordinaire — pour exiger réparation. « Mais comment ? demanda-t-elle. — Comment ? hurla-t-il. Par le bâton naturellement ! » Comme il était hors de lui, elle crut sa dernière heure arrivée, mais, se courbant en avant, elle reçut, à sa stupéfaction, cinq petites tapes sur le derrière. « L'honneur de la marine britannique est vengé », s'écria-t-il. Elle se releva et le vit, le visage ruisselant de sueur, lui tendre une main droite tremblotante. « Arrière ! »

cria-t-elle avec emphase, et en contrefaisant la
féroce expression du capitaine. « J'exige à mon
tour réparation ! — Voilà qui est parlé en homme
de cœur ! » répliqua-t-il avant de s'abîmer dans
ses calculs. « S'il suffit de six coups pour venger
l'honneur de la Marine royale, prononça-t-il rêveusement, combien en faut-il pour venger celui d'un
simple mortel ? » Il préférait en référer d'abord
à ses frères d'armes. Elle répondit avec hauteur
qu'elle ne saurait attendre. Il la félicita de son bon
sens. « Voyons, s'exclama-t-il soudain, est-ce que
votre père possédait une voiture et un équipage ?
— Non. — Un cheval de monte ? — Nous avions
un âne », et, après réflexion, elle ajouta qu'il tirait
la faucheuse. À ces mots, le visage du capitaine
s'illumina. « Le nom de ma mère... reprit-elle.
— Pour l'amour du Ciel, épargnez-moi le nom de
votre mère, mon amie ! » rugit-il, tremblant comme
une feuille, rouge jusqu'à la racine des cheveux ; et
il fallut au moins dix minutes pour le persuader de
continuer. Enfin il rendit son arrêt : si elle lui donnait quatre coups et demi au creux du dos, à un
endroit par lui indiqué (il concédait un demi-coup
supplémentaire parce qu'un aïeul de Rose, l'oncle
de son arrière-grand-mère, avait trouvé la mort à
Trafalgar), elle pourrait considérer son honneur
comme parfaitement lavé de toute offense. Sitôt
dit, sitôt fait ; puis ils se rendirent ensemble au
restaurant pour boire deux bouteilles de vin qu'il
tint à payer, et se séparèrent en se jurant une ami-
tié éternelle.

Après Rose, ce fut le tour de Fanny de rendre

compte de ses visites à la Cour royale de Justice. Dès la première, elle avait conclu que les juges devaient être en bois ou bien que le rôle était tenu par de gros animaux à l'image de l'homme, dressés à se mouvoir avec une extrême dignité et à parler entre leurs dents tout en hochant la tête. Pour mettre sa théorie à l'épreuve, à l'instant le plus crucial du procès, elle avait lâché un mouchoir plein de mouches bleues, mais n'avait pu vérifier si les créatures donnaient des signes d'humanité, car le bourdonnement des mouches l'avait plongée dans un sommeil profond dont elle ne s'était réveillée qu'au moment où, en contrebas, elle avait aperçu que l'on reconduisait les prisonniers à leurs cellules. Cependant, sur la foi du rapport de Fanny, nous avons voté qu'il est injuste de tenir les juges pour des hommes.

Helen était allée à la Royal Academy, mais, interrogée sur les tableaux qu'elle y avait vus, elle se mit à réciter des passages d'un volume bleu pâle : « Oh ! Que ne donnerais-je pour toucher cette main qui n'est plus, entendre cette voix qui s'est tue[1]. Rentré le chasseur, rentré de la colline[2]. La bride il a secouée[3]. Doux amour, amour bref[4]. Printemps, doux printemps, prince gracieux des saisons[5]. Oh, que ne suis-je en Angleterre avec l'avril[6]. L'homme aura le labeur et la femme les pleurs[7]. La voie du devoir est le chemin de la gloire[8]... » Nous n'en pouvions plus de tout ce galimatias.

« En voilà assez ! Plus de poésie ! » avons-nous crié.

« Filles d'Albion ! » a-t-elle repris, mais nous l'avons rassise de force, renversant un vase plein d'eau sur sa tête au cours de la bataille.

« Dieu soit loué ! » s'est-elle exclamée en s'ébrouant comme un chien mouillé. « Je vais maintenant me rouler sur le tapis pour effacer de moi le pli de l'Union Jack[1]. Alors, peut-être... » Elle s'est roulée énergiquement sur le tapis. En se relevant, elle commençait à décrire les tableaux modernes quand Castalia l'a interrompue :

« Quelle est la taille moyenne d'un tableau ? — À peu près deux pieds sur deux et demi. » Castalia notait tout ce que disait Helen et quand celle-ci s'est tue — nous avions évité de nous regarder pendant tout son discours — elle s'est levée à son tour : « Conformément à vos souhaits, j'ai passé la semaine dernière à Oxbridge[2], déguisée en femme de ménage. J'ai donc eu accès aux appartements de plusieurs professeurs, et je veux essayer de vous donner une idée de — seulement », elle s'interrompit, « je ne sais comment m'y prendre. C'est tellement bizarre, tout ça. Ces professeurs vivent dans de vastes maisons construites autour de carrés de pelouse, chacun dans une sorte de cellule, tout seul. Cela dit, avec tout le confort et les commodités modernes. Il leur suffit d'appuyer sur un bouton ou d'allumer une petite lampe. Leurs papiers sont parfaitement classés. Des livres partout. Pas d'enfants et pas d'animaux, à part une demi-douzaine de chats errants et un unique vieux bouvreuil — mâle. Tiens ! Je me rappelle qu'une de mes tantes, habitant Dulwich, cultivait des cactus. Avant d'arriver à la serre, il fallait traverser les deux salons, et alors là, au-dessus de la tuyauterie du chauffage, il y avait des douzaines de ces vilaines petites plantes trapues, hérissées de piquants, chacune dans son pot. L'aloès fleurissait tous les cent ans, du moins à ce que prétendait ma tante. Mais elle est morte avant la floraison… » Nous avons prié Castalia de ne pas sortir du sujet. « Bon, je disais que quand le professeur Hobkin était sorti, je compulsais son grand œuvre, une édition critique de Sappho[1]. C'est un drôle de livre, épais comme un in-folio, pas uniquement de Sappho. Que non ! La plus grande partie est une apologie de la chasteté de Sappho, écrite en réponse aux doutes exprimés par un Allemand ; je vous garantis que la dispute entre ces deux messieurs est passionnée et argumentée avec érudition ; ils déploient des prodiges d'ingéniosité pour ergoter sur l'usage d'un certain accessoire qui, à mes yeux, n'est pas plus important qu'une épingle à cheveux ; j'en étais interloquée ; surtout que la porte s'ouvrit et que le professeur fit son entrée en personne. Un charmant vieux monsieur très doux, mais qu'est-ce qu'il en savait, lui, de la chasteté ? » Ces paroles créaient un malentendu.

« Non, non, c'est un homme d'honneur, a-t-elle protesté, j'en suis sûre, bien qu'il ne ressemble en rien au capitaine de Rose. Je pensais aux cactus de ma tante. Que pouvaient-ils bien en savoir, eux, de la chasteté ? »

Nous l'avons rappelée à l'ordre une deuxième fois — est-ce que les professeurs d'Oxbridge contribuaient à rendre les êtres meilleurs et à produire de bons livres — la finalité de la vie ?

« Nous y voilà ! j'ai oublié de poser la question. La pensée qu'ils puissent produire quoi que ce soit ne m'a jamais effleurée.

— Il me semble, a dit Sue, que tu t'es trompée. Le professeur Hobkin devait être gynécologue. Un universitaire est d'une autre trempe. Il déborde d'humour et d'invention — un peu porté sur le bon vin, mais après tout pourquoi pas ? —, il est de charmante compagnie, généreux, subtil, créatif — cela va de soi puisqu'il passe son temps avec l'élite de l'humanité.

— Hum ! Je ferais sans doute mieux d'y retourner pour vérifier », a répondu Castalia.

Trois mois plus tard, je me trouvais seule dans la pièce où nous tenions nos réunions quand Castalia est entrée. Il y avait en elle un je-ne-sais-quoi qui m'a tant émue que je n'ai pu me retenir de me précipiter vers elle et de la serrer dans mes bras. Non seulement elle était très en beauté, mais elle paraissait d'une humeur radieuse.

« Que tu as l'air heureuse ! » me suis-je exclamée lorsqu'elle s'est assise.

« Je suis allée à Oxbridge.

— Poser des questions ?

— Y trouver des réponses.

— Tu n'as pas trahi notre serment au moins ? » ai-je demandé avec inquiétude, intriguée par un changement dans sa silhouette.

« Oh, le serment ! a-t-elle dit avec désinvolture. Je vais avoir un bébé, si tu veux savoir. Tu n'as pas idée à quel point c'est beau, enthousiasmant, gratifiant...

— De quoi parles-tu ?

— De — de la réponse aux questions », a-t-elle bredouillé, un peu embarrassée.

Là-dessus, elle m'a tout raconté par le menu. Mais au beau milieu d'un épisode qui m'intéressait, que dis-je, me passionnait au plus haut point, elle a poussé un cri des plus étranges, mi-exalté, mi-accablé...

« Chasteté ! Chasteté ! Qu'ai-je fait de ma chasteté ! Au secours ! Vite, des sels ! »

Il n'y avait dans la pièce qu'un pot de moutarde, mais elle a recouvré ses esprits avant que j'aie eu le temps de lui en administrer.

« Tu aurais dû y penser il y a trois mois, ai-je dit d'un ton sévère.

— Exact ! Mais à quoi bon remâcher cela à présent. D'ailleurs, quelle malencontreuse idée a eue ma mère de me nommer Castalia[1] !

— Oh, Castalia, ta mère... » Avant que j'aie fini ma phrase, elle a tendu la main vers le pot de moutarde et dit en hochant la tête :

« Non, non, non ! Si tu avais toi-même été chaste, tu aurais hurlé à ma vue — au lieu de quoi tu as couru vers moi pour me sauter au cou. Non, Cassandra, nous ne sommes chastes ni l'une ni l'autre. » Ainsi s'est poursuivie notre conversation.

Pendant ce temps, la pièce se remplissait peu à peu, car c'était le jour prévu pour discuter du résultat de nos enquêtes. J'avais l'impression que tout le monde éprouvait les mêmes sentiments

que moi à l'égard de Castalia. On l'embrassait
en lui disant tout le plaisir que l'on avait de la
revoir. Enfin, quand l'assemblée a été au complet,
Jane s'est levée pour ouvrir la séance. Elle a tout
d'abord déclaré que nous posions des questions
depuis plus de cinq ans maintenant et que, même
si les résultats ne pouvaient guère être probants
— à ces mots, Castalia m'a poussée du coude en
murmurant qu'elle n'en était pas si sûre. Puis elle
s'est levée et a coupé la parole à Jane en plein
milieu de sa phrase :

« Avant que tu continues, je veux savoir — suis-je
censée rester parmi vous ? Parce que je dois
avouer que je suis une femme impure. »

Tout le monde la contemplait avec stupeur.

« Tu attends un bébé ? » a demandé Jane.

Elle a acquiescé en hochant la tête.

Leurs visages reflétaient une palette extraordinaire d'expressions diverses. Une rumeur s'est
élevée où j'ai pu distinguer les mots « impure »,
« bébé », « Castalia », entre autres. Jane, très
émue, a demandé :

« Doit-elle sortir ? Est-elle impure ? »

Le tumulte était tel que l'on aurait pu l'entendre
de la rue.

« Non ! Non ! Qu'elle reste ! Impure ? Quelle
blague ! »

Pourtant j'avais l'impression que les plus jeunes
d'entre nous, celles qui n'avaient que dix-neuf ou
vingt ans, restaient en retrait, comme transies de
crainte. Et puis nous avons fait cercle autour de
Castalia pour lui poser des questions et, à la fin,

j'ai vu l'une de ces jeunesses sortir de sa réserve pour venir lui dire timidement :

« À propos, c'est quoi, la chasteté ? Je veux dire, est-ce bien ou mal ? Ou bien n'est-ce rien du tout ? »

Castalia parlait si bas que je n'ai pu saisir sa réponse.

« Je suis restée sous le choc pendant au moins dix minutes, tu sais, a dit une autre.

— À mon avis », a grogné Poll, rendue irritable par les longues heures passées à la London Library, « la chasteté n'est qu'une forme de l'ignorance, état d'esprit peu respectable. On ne devrait admettre que des femmes non chastes dans notre société. Je propose que l'on élise Castalia présidente. »

La motion a été âprement discutée.

« La qualifier de chaste ou non chaste, c'est infliger à une femme le même stigmate, a dit Poll. En ce qui concerne certaines d'entre nous, d'ailleurs, c'est juste l'occasion qui a manqué. En outre, je ne crois pas que Cassy elle-même soutiendra avoir agi par amour désintéressé du savoir.

— Il a juste vingt et un ans et il est beau comme un dieu, a dit Cassy, avec un geste exquis.

— Que seules les amoureuses soient habilitées à parler de la chasteté, a proposé Helen.

— Oh, zut ! » s'est exclamée Judith, qui avait enquêté sur des sujets scientifiques, « je ne suis pas amoureuse, moi, et j'ai terriblement envie de vous exposer mon programme qui propose de se passer des prostituées et de féconder les vierges par voies parlementaires. »

Elle nous a parlé ensuite d'une invention des-
tinée à être édifiée dans les stations de métro
et autres lieux publics, et qui, moyennant une
somme modique, protégerait la santé de la nation,
accueillerait ses fils et soulagerait ses filles. Elle
avait aussi imaginé une technique pour conser-
ver dans des tubes hermétiques de la semence
de Grands Chanceliers, « ou de poètes, peintres
et musiciens, à supposer, pour le moins, que ces
espèces ne soient pas déjà disparues et que les
femmes veuillent bien continuer à porter des
enfants... » a conclu Judith.

« Bien sûr que nous voulons porter des enfants ! »
s'est écriée Castalia avec impatience. Jane piano-
tait sur la table.

« C'est justement là l'objet de notre réunion.
Voilà cinq ans que nous nous attachons à savoir
si nous sommes fondées à prolonger l'existence de
l'espèce humaine. Castalia a anticipé nos conclu-
sions. Mais il nous reste, à nous, la responsabilité
de prendre une décision. »

Nos investigatrices se sont alors levées l'une
après l'autre pour faire leur rapport. Les merveilles de la civilisation dépassaient de loin nos
attentes, et, tandis que nous découvrions comment l'homme vole dans les airs, parle à travers
l'espace, pénètre jusqu'au cœur de l'atome et comment ses spéculations embrassent l'univers tout
entier, un murmure d'admiration s'est élevé de
nos lèvres.

« Nous sommes fières de nos mères, qui ont
sacrifié leur jeunesse à une telle cause ! » avons-

nous proclamé. Castalia, qui avait écouté avec fer-
veur, rayonnait d'une fierté plus grande encore
que la nôtre. Et quand Jane nous a rappelé qu'il
nous restait encore beaucoup à apprendre, elle
nous a suppliées de nous hâter. Nous avons donc
repris le débat en nous empêtrant dans un fouil-
lis de statistiques. Nous avons appris combien
de millions d'habitants peuplent l'Angleterre, et
combien d'entre eux sont enfermés en prison ou
souffrent d'une faim endémique ; combien d'enfants en moyenne compte une famille ouvrière, et
quel pourcentage de femmes meurent en couches
ou à la suite de leurs couches. On nous a lu des
rapports de visites d'usines, de magasins, de taudis
et de chantiers navals. On nous a décrit la Bourse,
un gigantesque centre d'affaires de la Cité et un
cabinet ministériel. Puis, la question des colonies
arrivant à l'ordre du jour, on nous a rendu compte
de l'administration britannique de l'Inde, l'Afrique
et l'Irlande. Assise à côté de Castalia, j'ai remarqué
qu'elle était mal à l'aise :

« Jamais nous n'arriverons à la moindre conclu-
sion au train où nous allons. Puisqu'il s'avère que
la civilisation est tellement plus complexe que
nous ne l'avions envisagé, ne vaudrait-il pas mieux
nous en tenir à notre enquête initiale ? Nous étions
convenues que la finalité de la vie était de rendre
les êtres meilleurs et de produire de bons livres,
et nous n'avons fait que parler d'avions, d'usines
et d'argent. Venons-en aux hommes eux-mêmes et
à leur art, puisque c'est là le nœud de l'affaire. »

Les dîneuses se sont alors avancées, munies de

longues bandes de papier sur lesquelles étaient
inscrites des réponses à des questionnaires éta-
blis après mûres réflexions. Un homme de bien,
avions-nous décidé, doit pour le moins être honnête, passionné et détaché des mondanités. Mais
pour découvrir si tel ou tel homme était doté de
ces qualités, il fallait lui poser des questions, souvent en commençant par des points très périphé-
riques. Fait-il bon vivre à Kensington ? Où votre
fils fait-il ses études — et votre fille ? Ah, dites-moi,
vos cigares, vous les payez combien ? À propos,
Sir Joseph, est-il baronnet ou simple chevalier ?
Il est apparu que souvent nous obtenions plus par
le biais de questions anodines comme celles-là
que par d'autres, plus ciblées. « J'ai accepté d'être
anobli, dit Lord Bunkum, parce que ma femme en
avait envie. » Je ne sais plus combien de pairies
avaient été acceptées pour cette raison.

« Étant donné que je travaille quinze heures sur
vingt-quatre… » dirent en préambule des milliers
d'hommes exerçant des professions libérales.

« Non, non, et bien sûr vous ne savez ni lire ni
écrire. Mais pourquoi vous faut-il tant travailler ?

— Mais, chère madame, quand la famille
s'agrandit…

— Mais pour quelle raison votre famille s'agran-
dit-elle ? » C'était le souhait de leurs épouses,
à moins que ce ne fût celui de l'Empire britannique. Plus significatifs encore que les réponses
étaient les refus de réponse. Rares étaient ceux
qui acceptaient de parler morale et religion, mais
on ne pouvait guère donner foi aux éventuelles

déclarations. Les questions concernant la valeur de l'argent et du pouvoir étaient presque toujours éludées ou bien retournées aux enquêtrices à leurs risques et périls.

« Je suis sûre que si Sir Harley Tightboots n'avait pas été très absorbé par le gigot qu'il découpait, a dit Jill, il m'aurait tranché la gorge. Ce qui nous valut la vie sauve, à maintes reprises, c'est que les hommes sont aussi voraces que chevaleresques. Ils nous méprisent trop pour s'offusquer de ce que nous disons.

— Il est vrai qu'ils nous méprisent, dit Eleanor. Et pourtant, comment expliques-tu cela — j'ai enquêté auprès des artistes, moi. Or il n'y a jamais eu de femmes artistes, tu es d'accord, Poll ?

— Jane-Austen-Charlotte-Brontë-George-Eliot », a crié Poll, comme une marchande de muffins à la sauvette.

« Qu'elle aille au diable ! s'est écrié quelqu'un, quelle casse-pieds !

— Depuis Sappho, il n'y a jamais eu aucune femme de talent… » a dit Eleanor en citant un hebdomadaire.

« Il est désormais établi que Sappho est en quelque sorte la créature lubrique du professeur Hobkin, a coupé Ruth.

— De toute façon, il n'y a aucune raison de croire qu'une seule femme ait été capable d'écrire ou le sera jamais, a continué Eleanor. Et pourtant, chaque fois que je me trouve au milieu d'auteurs, ils ne cessent de me parler de leurs livres. Je dis : magistral ! Ou bien, digne de Shakespeare ! (car il faut bien dire quelque chose) et je vous assure qu'ils me croient.

— Ça ne prouve rien, a objecté Jane. Ils font tous la même chose. Le malheur, a-t-elle soupiré, c'est que cela ne nous aide pas beaucoup. Peut-être vaudrait-il mieux passer maintenant à la littérature moderne. Liz, à toi. »

Elizabeth s'est levée en expliquant que, pour mener à bien son enquête, elle s'était habillée en homme et qu'on l'avait prise pour un critique littéraire.

« Cela fait cinq ans que je lis régulièrement les nouveaux livres. Mr. Wells est le plus populaire de nos écrivains vivants ; suivent Mr. Arnold Bennett et Mr. Compton Mackenzie ; et ensuite, ex æquo, Mr. McKenna et Mr. Walpole[1]. » Elle s'est rassise.

« Mais tu ne nous as rien dit du tout ! avons-nous protesté. Est-ce que tu sous-entends que ces messieurs surpassent de loin Jane-Eliot et que le roman anglais est — où est passé ton article ? Ah, le voilà ! "Entre de bonnes mains avec eux" ?

— Entre de bonnes mains », a-t-elle répété avec embarras et en se dandinant d'un pied sur l'autre. « Et je suis sûre qu'ils distribuent plus d'argent qu'ils n'en gagnent. »

Nous en étions persuadées nous aussi. « Mais », nous l'avons poussée dans ses retranchements, « est-ce qu'ils écrivent de bons livres ?

— De bons livres ? » Elle fixait le plafond. « Il ne faut pas oublier, a-t-elle débité à toute allure, que le roman est le miroir de la vie. On ne peut nier que l'instruction est d'une importance capitale, et qu'il serait extrêmement fâcheux de se trouver seule à Brighton, tard le soir, sans savoir quelle est la meilleure pension où passer la nuit, et, à supposer que ce soit dimanche et qu'il pleuve à verse — est-ce que ce ne serait pas une bonne idée d'aller au cinéma ?

— Mais qu'est-ce que cela vient faire ?

— Rien, absolument rien.

— Allons, allons, dis-nous la vérité, lui avons-nous ordonné.

— La vérité ? Mais n'est-ce pas merveilleux », elle s'est arrêtée au milieu de la phrase, « Mr. Chitter écrit depuis trente ans son article hebdomadaire sur l'amour ou sur le pain grillé beurré à chaud, et il a envoyé ses fils à Eton...

— La vérité ! Nous voulons la vérité.

— Oh, la vérité, a-t-elle balbutié, la vérité n'a rien à voir avec la littérature », et elle s'est assise en refusant d'ajouter un seul mot.

Nous restions sur notre faim.

« Allons, mesdemoiselles, il nous faut recenser nos résultats », commençait Jane, lorsque, montant depuis quelques minutes par la fenêtre ouverte, une rumeur a couvert sa voix.

« La guerre ! La guerre ! La guerre est déclarée ! » hurlaient des voix d'hommes, dans la rue.

Nous nous regardions, horrifiées.

« La guerre ? Quelle guerre ? » Nous nous rendions compte, mais trop tard, que nous avions omis d'envoyer des enquêtrices à la Chambre des communes. Nous n'y avions pas pensé. Nous nous sommes alors tournées vers Poll, qui était parve-

nue au rayon « Histoire » de la London Library, et
nous lui avons demandé d'éclairer notre lanterne.

« Pourquoi les hommes font-ils la guerre ?

— Pour telle ou telle raison, a répondu Poll
calmement. En, par exemple... » La clameur du
dehors a noyé ses paroles. « Et de nouveau en
1797 — en 1804... C'étaient les Autrichiens en
1866... En 1870, les Français et les Prussiens...
D'autre part, en 1900...

— Mais aujourd'hui, nous sommes en 1914 ! »
Nous l'avons interrompue.

« Là, maintenant, je ne sais pas pourquoi ils
font la guerre », a-t-elle avoué.

*

La guerre était finie et l'on était sur le point de
signer la paix, quand je me retrouvai avec Castalia,
dans la pièce où nous avions tenu nos réunions.
Nous feuilletions distraitement les anciennes
minutes. « Bizarre de relire ce que nous pensions
il y a cinq ans », dis-je sur un ton songeur. « Nous
sommes convenues, lut Castalia à haute voix par-
dessus mon épaule, que la finalité de la vie est
de rendre les êtres meilleurs et produire de bons
livres. » Nous n'ajoutâmes aucun commentaire.
« Un homme de bien est pour le moins honnête,
passionné et détaché des mondanités. » « Voilà
bien un langage de femme ! remarquai-je. — Mon
Dieu ! Quelles sottes nous faisions ! s'écria Castalia en repoussant le livre. C'est la faute du père
de Poll, tout ça. Je crois qu'il l'a fait exprès — tu

sais, ce codicille ridicule, forcer Poll à lire tous les livres de la London Library. Si nous n'avions pas appris à lire, ajouta-t-elle amèrement, nous en serions peut-être encore à porter des enfants en toute ignorance, ce qui, je pense, est le meilleur de la vie après tout. Je sais ce que tu vas me dire de la guerre, fit-elle en prévenant mes arguments, et de l'horreur de mettre des enfants au monde pour les voir se faire tuer, mais c'est ce que nos mères ont fait, et leurs mères et grand-mères avant elles. Sans formuler aucune plainte, elles. Elles ne savaient pas lire. J'ai fait de mon mieux pour que ma petite Anne n'apprenne pas à lire, soupira-t-elle, mais à quoi bon ? Je l'ai surprise, pas plus tard qu'hier, un journal entre les mains, et elle m'a déjà demandé si c'était "vrai" ce qu'il disait. Bientôt elle me demandera si Mr. Lloyd George est un brave homme, puis si Mr. Arnold Bennett est un bon romancier, et finalement si je crois en Dieu. Comment élever ma fille pour qu'elle ne croie en rien ? demanda-t-elle.

— Sans erreur, tu pourrais lui enseigner que l'intelligence d'un homme est et sera toujours, par nature, supérieure à celle d'une femme ? » lui dis-je. À ces mots, son visage s'éclaira, tandis qu'elle se remettait à feuilleter le livre de nos anciennes minutes. « Oui ! Songe à leurs découvertes, leurs mathématiques, leur science, leur philosophie, leur érudition » et elle éclata de rire, « je n'oublierai jamais ce bon vieux Hobkin et son épingle à cheveux », dit-elle en riant, tout en continuant sa lecture au point que je la crus de très bonne humeur, mais tout à coup, rejetant les minutes, elle s'exclama : « Oh, Cassandra ! Pourquoi me tourmenter ainsi ? Ne sais-tu pas que notre foi dans la supériorité intellectuelle des hommes est notre plus grande illusion ? — Que dis-tu ? Interroge n'importe quel journaliste, maître d'école, homme politique ou simple tenancier de pub dans ce pays, tous sans exception te diront que les hommes sont beaucoup plus intelligents que les femmes. — Je n'en doute pas, fit-elle avec mépris. Comment pourrait-il en être autrement ? N'est-ce pas nous qui les élevons ainsi, depuis la nuit des temps, les nourrissant et assurant leur confort afin qu'ils puissent être intelligents à défaut d'autre chose ? C'est notre faute ! Nous tenions à l'intellect, eh bien nous en avons. Mais c'est bien là tout le mal. Quoi de plus charmant qu'un jeune garçon avant qu'il n'ait commencé à cultiver son intelligence ? Il est agréable à regarder ; il ne se donne pas de grands airs ; il saisit d'instinct le sens de l'art et de la littérature ; il avance dans la vie en la savourant et en permettant aux autres de profiter de la leur. Puis on lui apprend à cultiver son intelligence. Il devient avocat, fonctionnaire, général, écrivain, professeur. Il se rend tous les jours à son bureau. Tous les ans, il produit un livre. Il entretient toute sa famille sur les fruits de son intellect, le pauvre bougre ! Bientôt, il ne peut plus entrer dans une pièce sans nous causer à toutes de l'embarras ; il se montre condescendant à l'égard de toutes les femmes qu'il rencontre, et n'ose dire la vérité à aucune, pas même à sa propre épouse ; au lieu que nos yeux se réjouissent à sa vue, il nous faut les fermer quand nous devons le prendre dans nos bras. C'est vrai, les hommes se consolent au moyen d'étoiles de toutes grandeurs, de rubans de toutes couleurs et de revenus de toutes sortes, mais qu'est-ce qui peut, quant à nous, nous réconforter ? La perspective de passer un week-end à Lahore d'ici à dix ans ? Savoir qu'au Japon le moindre insecte possède un nom deux fois plus long que lui ? Oh, Cassandra, je t'en conjure, inventons un procédé qui permette aux hommes de porter des enfants ! C'est notre ultime chance. Car à moins de leur trouver une innocente occupation, nous ne saurons jamais rendre les êtres meilleurs ni produire de bons livres ; nous périrons écrasées sous les fruits de leur activité débridée ; et il ne se trouvera aucun survivant pour se souvenir qu'un jour il y eut Shakespeare !

— Trop tard ! Nous ne saurions assurer l'avenir des enfants que nous avons déjà.

— Et dire que tu me demandes de croire à l'intelligence ! »

Pendant notre conversation, des voix d'hommes, rauques et fatiguées à force de crier, montaient de la rue et, tendant l'oreille, nous comprîmes que le traité de paix venait d'être signé. Les voix se turent lentement. La pluie qui tombait gênait sans doute la mise à feu des pétards.

« Ma cuisinière aura sûrement acheté l'*Evening News*, dit Castalia, et Anne sera en train de le déchiffrer en prenant son thé. Il faut que je rentre.

— À quoi bon ? Pour quoi faire ? Une fois qu'elle saura lire, la seule chose qu'il te restera à lui enseigner — c'est à croire en elle-même.

— Tiens, voilà qui changerait, en effet », répondit Castalia.

Ayant ramassé les minutes de notre société, nous allâmes trouver Anne qui jouait tranquillement avec sa poupée, et, malgré tout, nous lui fîmes le don solennel de tout le paquet en lui disant que nous l'avions désignée comme présidente de notre société future — sur quoi elle fondit en larmes, la pauvre petite !

DANS LE VERGER

Miranda dormait dans le jardin, étendue sur une chaise longue sous le pommier. Son livre avait glissé dans l'herbe, et son doigt semblait encore pointé vers la phrase : « *Ce pays est vraiment un des coins du monde où le rire des filles éclate le mieux*★[1]... » comme si elle s'était endormie là en un instant. Les opales à son doigt étaient irisées tour à tour de reflets verts ou rosés, et puis encore de reflets orangés quand le soleil filtrant à travers les branches du pommier les frappait. Et quand un souffle de brise se levait, sa robe pourpre ondulait comme des pétales sur leur tige ; l'herbe ondoyait ; et les papillons blancs[2] venaient voleter de-ci de-là, juste au-dessus de son visage.

Les pommes étaient suspendues dans les airs, quatre pieds au-dessus de sa tête. Soudain, une clameur stridente se fit entendre, comme si les pommes avaient été des gongs de cuivre fêlés, frappés violemment à coups irréguliers et sauvages. C'étaient tout bonnement des écoliers qui récitaient en chœur la table de multiplication, et

que le maître arrêtait, réprimandait, et qui recom-
mençaient au début leur récitation. Mais cette
clameur passa quatre pieds au-dessus de la tête
de Miranda au travers des branches du pommier,
et, quand elle l'atteignit, le petit garçon du vacher,
qui cueillait des mûres sur le roncier au lieu d'être
à l'école, se piqua le pouce avec les épines.

Ensuite, il y eut un cri solitaire — triste, humain,
brutal. C'était le vieux Parsley qui était vraiment
fin soûl.

Puis, tout là-haut à la cime du pommier, les
feuilles découpées sur le bleu du ciel, comme de
petits poissons plats à trente pieds au-dessus de
la terre, se mirent à carillonner sur un air songeur et lugubre. C'était l'orgue de l'église qui
jouait un morceau du livre des *Cantiques anciens
et modernes*. Le flot sonore sortant de l'église fut
pulvérisé par une volée de grives litornes qui s'en
allaient à une folle vitesse — vers ailleurs, autre
part. Miranda était endormie trente pieds au-
dessous.

Et puis au-dessus du pommier et du poirier
deux cents pieds au-dessus de Miranda endormie
dans le verger le sinistre tintement de cloches à
la voix sourde, entrecoupée, édifiante sonna les
relevailles de six pauvresses de la paroisse ; et le
pasteur rendit grâces au Ciel.

Et puis plus haut encore avec un grincement
perçant la penne d'or au sommet du clocher
tourna du sud à l'est. Le vent avait changé. Il rugit
très haut sur tout cela, au-dessus des bois, des
prés, des monts, des miles au-dessus de Miranda

endormie dans le verger. Il ratissa le ciel, sans voir, sans penser, sans rencontrer aucune résistance, puis faisant volte-face il souffla de nouveau en direction du sud. Des miles en dessous, dans un espace étroit comme le chas d'une aiguille, Miranda se redressa en s'écriant : « Oh, je vais être en retard pour le thé. »

Miranda dormait dans le verger — mais peut-être n'était-elle pas vraiment endormie, car ses lèvres remuaient légèrement comme pour dire : « *Ce pays est vraiment un des coins du monde... où le rire des filles... éclate... éclate... éclate**... » puis elle sourit et laissa son corps s'enfoncer de tout son poids dans la terre immense, qui se soulève, pensa-t-elle, pour m'emporter sur son dos, comme une feuille ou une reine (à ce moment les écoliers entonnèrent la table de multiplication), ou bien, se dit encore Miranda, je suis peut-être allongée en haut d'une falaise, avec les cris des mouettes au-dessus de moi. Plus elles volent haut, se dit-elle, tandis que le maître grondait les enfants et tapait jusqu'au sang sur les doigts de Jimmy, mieux elles voient dans les profondeurs de la mer — les profondeurs de la mer ; ses doigts se relâchèrent et ses lèvres se fermèrent doucement, comme si elle flottait sur la mer, puis quand le cri de l'ivrogne retentit là-haut, en reprenant haleine elle fut plongée dans une extase extraordinaire, car elle avait cru entendre le cri même de la vie émis par une bouche écarlate à la langue rugueuse, par le vent, par les cloches, par les feuilles vertes et frisées des choux.

Naturellement, c'est son mariage qu'on célébrait quand l'orgue joua l'air des *Cantiques anciens et modernes*, et quand les cloches sonnèrent après la messe de relevailles des six pauvresses, elle crut que leur bruit sourd, discontinu et morne venait de la terre elle-même, tremblant sous les sabots du cheval qui galopait vers elle (« Ah, il suffit que j'attende ! » murmura-t-elle), et il lui sembla que déjà tout avait commencé à bouger, crier, se déplacer, voler autour d'elle, à travers elle, vers elle en formant un motif.

Mary fend les bûches, pensa-t-elle ; Pearman mène le troupeau de vaches ; les charrettes rentrent des prairies ; le cavalier — et elle traça les lignes que les hommes, les charrettes, les oiseaux, et le cavalier formaient dans la campagne jusqu'à ce qu'elle sentît que c'étaient les battements de son cœur qui les faisaient sortir, tourner autour d'elle et la traverser.

À des miles au-dessus le vent tourna ; la penne dorée du clocher grinça ; et Miranda sursauta en s'écriant : « Oh, je vais être en retard pour le thé. »

Miranda était endormie dans le verger, dormait-elle ou pas ? Sa robe pourpre était étendue entre les deux pommiers. Il y avait en tout vingt-quatre pommiers dans le verger, les uns légèrement inclinés, les autres, poussés bien droit, avaient un tronc vigoureux qui s'épanouissait en une vaste ramure et produisait des gouttes rouges ou jaunes. Chacun des pommiers bénéficiait d'un espace convenable. Le ciel s'ajustait exactement aux feuilles. Quand la brise se levait, les branches alignées en espalier ployaient légèrement puis reprenaient leur place. Un hochequeue s'envola à l'oblique d'un angle à l'autre du verger. À petits sauts circonspects, une grive s'approcha d'une pomme tombée ; du mur d'en face, un moineau descendit voleter juste au-dessus de l'herbe. L'essor des arbres était lié à tous ces mouvements, et l'ensemble enserré dans les murs du verger. Dans les profondeurs, la terre tenait bon ; des vapeurs ondoyantes s'exhalaient en surface ; à l'autre coin du verger, une traînée pourpre fendait le bleu turquoise. Quand le vent tourna, un bouquet de pommes projeté en l'air, très haut, masqua deux vaches dans le pré (« Oh, je vais être en retard pour le thé ! » s'écria Miranda), et les pommes reprirent aussitôt leur place contre le mur.

MOMENTS D'ÊTRE :
« LES ÉPINGLES DE CHEZ SLATER
NE PIQUENT PAS »

« Les épingles de chez Slater ne piquent pas — vous n'avez pas remarqué ? » interrogea Miss Craye en se retournant au moment où tombait la rose ornant la robe de Fanny Wilmot, qui se baissa, les oreilles remplies de musique, pour rechercher l'épingle.

Ces mots avaient provoqué en Fanny un choc extraordinaire, tandis que Miss Craye plaquait le dernier accord de la fugue de Bach. Se peut-il que Miss Craye aille en personne acheter des épingles chez Slater ? se demandait Fanny Wilmot, paralysée de stupeur pendant quelques minutes. Qu'elle attende son tour debout devant le comptoir, comme tout le monde, et qu'on lui rende la monnaie enveloppée dans la note ? Qu'elle glisse les pièces dans son porte-monnaie, et, une heure plus tard, déballe les épingles debout devant sa coiffeuse ? Quel besoin avait-elle d'épingles, elle qui n'était pas tant vêtue que gainée, tel un scarabée, dans un étroit fourreau, bleu en hiver, vert en été ? Quel besoin avait-elle d'épingles — cette

Julia Craye — qui semblait vivre dans le monde glacé et transparent des fugues de Bach, jouant pour elle-même ce qui lui plaisait, ne daignant accepter qu'une ou deux élèves de l'école de musique d'Archer Street, au dire de la directrice, Miss Kingston, faveur exceptionnelle faite au nom de « la grande admiration que celle-ci lui portait, à plus d'un titre ». Miss Kingston craignait que Miss Craye ne fût très démunie depuis la mort de son frère. Oh, ils possédaient des choses si ravissantes quand ils habitaient Salisbury, où son frère Julius jouissait d'une incontestable notoriété : c'était un archéologue de renom. Être invité chez eux pour quelque temps était un immense honneur, fit Miss Kingston (« mes parents les connaissaient depuis toujours — ils faisaient partie des notabilités de Salisbury », disait Miss Kingston), un peu effrayant pour une enfant ; il fallait faire attention à ne pas claquer les portes ou à ne pas faire irruption dans une pièce à l'improviste. Ici Miss Kingston, qui aimait à brosser de ces portraits rapides tout en rédigeant les reçus des chèques qu'elle recevait le premier jour du trimestre, sourit. Oui, elle avait plutôt été garçon manqué ; elle entrait dans les pièces en bondissant, faisant trembler dans leur vitrine tous les bibelots romains, verrerie et autres objets verts. Les Craye n'étaient pas habitués aux enfants. Ni l'un ni l'autre n'était marié. Ils élevaient des chats. Et l'on avait l'impression que les chats en savaient long sur les vases romains et tout le reste.

« Beaucoup plus que moi ! » s'écria Miss

Kingston sur un ton enjoué, tout en apposant sa signature en travers du tampon, d'une main allègre, véloce et assurée, car elle avait toujours eu beaucoup de sens pratique.

Alors, se dit Fanny Wilmot en cherchant son épingle, c'est peut-être bien au hasard que Miss Craye a lancé cette phrase sur les épingles de chez Slater. Ni l'un ni l'autre des Craye ne s'était jamais marié. Elle n'y connaissait rien aux épingles — absolument rien. Mais elle voulait briser le charme qui pesait sur sa famille ; la vitre qui les séparait des autres êtres. Quand la joyeuse petite Polly Kingston avait, en claquant la porte, fait trembler les vases romains, Julius avait d'abord vérifié qu'il n'y avait pas de mal (c'était toujours son premier mouvement), puis, par la fenêtre (près de la vitrine), il avait regardé Polly rentrer chez elle en gambadant à travers les prairies ; il l'avait suivie des yeux avec ce regard insistant et plein de langueur, fréquent chez lui et chez sa sœur.

« Oh, vous, étoiles, soleil, lune, semblaient dire ses yeux, vous, pâquerettes émaillant la prairie, feux et frimas sur la vitre, mon cœur s'élance vers vous. Mais, semblaient-ils toujours ajouter, vous percez, passez et disparaissez », et, simultanément, pour recouvrir l'intensité de ces états d'âme contradictoires, ils terminaient sur une note nostalgique et exaspérée, par un : « Je ne peux vous atteindre — ni vous approcher. » Et les étoiles pâlissaient, et l'enfant s'envolait.

C'est cette sorte de charme, cette pellicule

vitreuse, que voulait briser Miss Craye après avoir si admirablement joué Bach à l'intention d'une élève de prédilection (Fanny Wilmot savait qu'elle était cette élève), en montrant qu'elle aussi, comme tout le monde, s'y connaissait en épingles. Les épingles de chez Slater ne piquaient pas.

Oui, « l'illustre archéologue » avait eu ce regard lui aussi. « L'illustre archéologue » — en prononçant ces mots, Miss Kingston continuait d'endosser les chèques et de vérifier la date du jour et du mois, sans se départir de son franc-parler et de son enjouement, laissant entendre de manière indicible, au ton de sa voix, qu'il y avait quelque chose d'étrange et de bizarre[1] chez Julius Craye. C'était exactement la même singularité qui existait peut-être aussi chez Julia. On aurait juré, songeait Fanny Wilmot en cherchant son épingle, qu'au cours de quelque soirée ou office (le père de Miss Kingston était pasteur) elle avait saisi au vol un commérage, ou peut-être un simple sourire, un ton insinuant associé à son nom, et en avait conçu ce « sentiment » au sujet de Julius Craye. Inutile de dire qu'elle n'en avait jamais parlé à personne. Il est même probable qu'elle savait à peine ce qu'elle insinuait. Mais chaque fois qu'elle parlait de Julius, ou que l'on mentionnait son nom en sa présence, c'était la première idée qui venait à l'esprit : il y avait quelque chose de bizarre chez Julius Craye.

Chez Julia aussi, qui était assise de trois quarts sur le tabouret du piano, un sourire aux lèvres. C'est dans le champ, sur la vitre, dans le ciel — la

beauté ; et je ne peux l'atteindre ; ni l'étreindre —
moi, semblait-elle ajouter avec cette petite crispation de la main si caractéristique, moi qui l'aime
passionnément, et qui donnerais tout au monde
pour la posséder ! Elle ramassa l'œillet tombé à
terre tandis que Fanny cherchait l'épingle. Fanny
avait l'impression qu'elle étreignait voluptueuse-
ment la fleur dans sa main lisse et veinée, ornée
de bagues en aigues-marines serties de perles. On
eût dit que ses mains rehaussaient tout ce que la
fleur avait de plus brillant ; pour enflammer sa
corolle, plus ébouriffée, plus fraîche et plus imma-
culée encore sous leur pression. Le plus étrange
chez elle, et peut-être aussi chez son frère, c'est
que cette crispation et cette pression des doigts
étaient assorties d'une frustration permanente. Il
en était ainsi avec l'œillet en ce moment même.
Elle avait beau le tenir serré dans sa main, elle
ne le possédait pas, ne jouissait pas de sa beauté,
pas pleinement.

Fanny Wilmot se rappela que ni l'un ni l'autre
des Craye ne s'était marié. Il lui revint qu'un soir
où la leçon s'était prolongée plus que de coutume
et qu'il faisait nuit Julia Craye avait dit : « Les
hommes ont tout de même une utilité, celle de
nous protéger », et, en boutonnant son manteau,
elle lui avait souri de son étrange, son fameux
sourire, confiante jusqu'au bout des ongles dans
sa jeunesse et son éclat, mais comme une fleur
aussi, devinait Fanny, inhibée.

« Oh, mais je n'ai pas besoin de protection ! »
avait-elle répondu en riant, et quand, l'ayant dévi-

sagée de son regard extraordinaire, Julia Craye rétorqua qu'elle n'en était pas si sûre, l'admiration qu'elle y lut la fit franchement rougir.

C'était la seule utilité des hommes, avait-elle dit. Était-ce la raison de son célibat ? se demandait Fanny, en explorant le parquet du regard. Après tout, elle n'avait pas passé toute son existence à Salisbury. « Le quartier le plus agréable de Londres et de loin, avait-elle déclaré un jour (du moins il l'était, il y a quinze ou vingt ans), c'est Kensington. On était à dix minutes des Jardins[1] — c'était pour ainsi dire le cœur du pays. On pouvait sortir dîner en chaussons sans attraper un rhume. Kensington — c'était comme un village, vous savez, à cette époque », avait-elle dit.

Elle s'était arrêtée net, pour dénoncer avec causticité les courants d'air dans le métro.

« C'était l'utilité des hommes », avait-elle dit avec un curieux mélange d'ironie et d'âpreté. N'était-ce pas la vraie raison de son célibat ? On pouvait à partir de là lui inventer toutes sortes d'histoires de jeunesse ; comme le jour où, avec ses jolis yeux bleus, la ligne ferme de son nez bien droit, sa froide distinction, son talent de pianiste, une rose fleurissant la chaste ardeur de son corsage de mousseline, elle avait attiré l'attention de jeunes gens aux yeux de qui ces choses, et les tasses de porcelaine, les chandeliers d'argent et les tables marquetées (les Craye possédaient toutes ces jolies choses) passaient pour merveilleuses ; des jeunes gens pas assez distingués ; de jeunes ambitieux de la capitale diocésaine. Ce sont eux qu'elle avait d'abord charmés, puis les amis de son frère, étudiants à Oxford ou Cambridge[1]. Ils arrivaient en été, lui faisaient faire un tour de canot sur la rivière, poursuivaient par correspondance la discussion sur Browning, et, en de rares occasions, quand elle était de passage à Londres, peut-être organisaient-ils pour elle une visite — de Kensington Gardens ?

« De loin le quartier le plus agréable de Londres — Kensington. C'était il y a quinze ou vingt ans, avait-elle déclaré un jour. On était à dix minutes des Jardins — au cœur du pays. » On pouvait à loisir faire son miel de tous ces détails, se dit Fanny, retenir, par exemple, Mr. Sherman, le peintre, un de ses vieux amis ; ils auraient eu rendez-vous chez elle et, par un bel après-midi de juin, il l'aurait emmenée prendre le thé sous les arbres. (Ils s'étaient déjà rencontrés à une de ces soirées où l'on sort en chaussons sans risque d'attraper un rhume.) La tante ou quelque autre parente d'âge mûr les aurait chaperonnés au bord de la Serpentine[2]. Ils auraient contemplé la Serpentine, qu'il lui aurait peut-être fait traverser en barque, la comparant à l'Avon[3]. Elle aurait pris cette comparaison très au sérieux, car les paysages de rivières comptaient beaucoup pour elle. Elle était légèrement courbée en avant, un peu anguleuse tout en restant gracieuse en ce temps-là, et manœuvrait le gouvernail. Au moment crucial, car c'était le moment qu'il avait choisi pour lui faire sa déclaration — c'était sa seule chance d'être seul avec elle —, très nerveux, il lui avait parlé par-dessus son épaule, sa tête formant un angle absurde — à cet instant précis, elle lui avait coupé brutalement la parole. Il avait failli les jeter contre le pont, cria-t-elle. Ce fut pour tous deux un moment d'horreur, de désenchantement, de révélation[1]. C'est intolérable, je ne veux pas de ça, pensait-elle. Dans ces conditions, il ne voyait pas pourquoi elle était venue. Plongeant la rame dans l'eau avec force éclaboussures, il vira de bord. Elle voulait juste le snober ? Il la ramena à terre et lui dit adieu.

Le décor de la scène pouvait varier à satiété, songeait Fanny Wilmot. (Mais où diable était tombée cette épingle ?) Ce pouvait être Ravenne — ou Édimbourg, où elle avait tenu la maison de son frère. On pouvait changer le décor, le jeune homme et la succession précise des événements ; mais une chose restait constante — son refus, sa désapprobation, sa colère contre elle-même après coup, son débat intérieur, et enfin son soulagement — oui, certainement, son immense soulagement. Peut-être bien que le lendemain même elle s'était levée à 6 heures, avait enfilé son manteau, et fait à pied le chemin de Kensington au fleuve[2]. Elle était si heureuse de ne pas avoir sacrifié son droit d'aller admirer le monde à la plus belle heure — c'est-à-dire avant que les autres ne fussent levés. Elle pouvait aussi déjeuner au lit si elle en avait envie. Elle n'avait pas sacrifié son indépendance.

Oui, Fanny Wilmot sourit, Julia n'avait pas pris le risque de compromettre ses habitudes.

Elles restaient intactes et eussent souffert de son mariage. « Ce sont des ogres », avait-elle dit un soir avec un sourire mi-figue mi-raisin à une autre élève, une jeune mariée qui, s'avisant tout à coup qu'elle allait manquer son mari, était partie précipitamment.

« Ce sont des ogres », avait-elle dit en riant jaune. Un ogre aurait pu peut-être s'opposer au petit déjeuner au lit ; aux promenades à l'aube au bord du fleuve. Que se serait-il passé (mais qui sait ?) si elle avait eu des enfants ? Elle prenait des précautions extrêmes pour prévenir les coups de froid, la fatigue, les courants d'air, éviter la nourriture trop riche ou toxique, les pièces surchauffées et les expéditions en métro, car elle n'avait pas réussi à déceler lequel de ces fléaux déclenchait ces terribles migraines qui faisaient de sa vie un véritable champ de bataille[1]. Elle s'efforçait sans relâche de se montrer plus futée que l'ennemi, et finissait par se dire que la poursuite ne manquait pas d'intérêt en elle-même ; si elle avait finalement réussi à battre l'ennemi, elle aurait trouvé la vie un peu monotone. Quoi qu'il en soit, le combat était permanent — d'un côté le rossignol ou le paysage qu'elle aimait avec passion — oui, c'était une vraie passion. De l'autre, le sentier bourbeux ou l'ascension éreintante d'une pente très escarpée qui, à coup sûr, la mettrait à plat pour le lendemain et lui vaudrait une de ses migraines chroniques. De sorte que, réussir de temps à autre à ménager assez habilement ses forces pour se rendre à Hampton Court[2], la semaine où les crocus (elle avait une prédilection pour ces fleurs brillantes aux couleurs éclatantes) étaient en pleine floraison, c'était une victoire. C'était une expérience durable et qui gardait à jamais une importance considérable. Elle enfila la perle de cet après-midi sur le collier des jours mémorables, qui n'était pas si long qu'il lui fût impossible de se souvenir de tel ou tel paysage, champêtre ou urbain ; pour le palper, le sentir, goûter en soupirant la saveur qui le rendait unique.

« Il faisait si beau vendredi dernier, dit-elle, que j'ai décidé d'y aller. » Alors elle avait mis à exécution son grand dessein : se rendre à la gare de Waterloo pour aller visiter Hampton Court — toute seule. Naturellement, mais peut-être sottement, on la plaignait pour une raison dont elle-même ne se plaignait pas (de toute façon, elle était habituellement réservée et quand elle évoquait sa santé, c'était en guerrier parlant de son ennemi intime) — on la plaignait de toujours tout faire toute seule. Son frère était mort. Sa sœur était asthmatique. Elle trouvait bénéfique le climat d'Édimbourg. Il était trop déprimant pour Julia. Elle associait peut-être trop douloureusement son frère à cette ville où l'illustre archéologue était mort ; son frère qu'elle avait tant aimé. Elle habitait une petite maison près de Brompton Road, absolument seule.

Fanny Wilmot aperçut l'épingle sur le tapis ; elle la ramassa. Elle regarda Miss Craye. Souffrait-elle de la solitude ? Non, Miss Craye était profondément, totalement, ne fût-ce qu'à cet instant, une femme heureuse. Fanny l'avait surprise dans un moment d'extase. Assise de trois quarts au piano, elle tenait l'œillet bien droit entre ses mains jointes sur les genoux, et derrière elle il y avait l'encadrement nu de la fenêtre sans rideaux, le ciel crépusculaire, d'autant plus empourpré que les ampoules électriques brûlaient sans abat-jour dans la salle de musique vide. Julia Craye, forme compacte penchée en avant sur le tabouret, sa fleur entre les mains, semblait émerger de la nuit de Londres, semblait l'étendre comme un manteau derrière elle. La nuit semblait, dans sa nudité et sa profondeur, une émanation de son être, une chose qu'elle avait faite qui l'entourait, qu'elle était. Fanny regardait, médusée.

L'espace d'un instant, tout parut transparent à ses yeux, comme si, au-delà de Miss Craye, Fanny Wilmot apercevait la source d'où son être jaillissait en pures gouttes d'argent. Elle remontait les années derrière elle, une à une ; elle voyait les vases romains verts dans leur vitrine ; elle entendait les choristes jouer au cricket ; elle voyait Julia[1] descendre lentement les marches arrondies qui conduisaient à la pelouse ; la vit servir le thé sous le cèdre ; la vit prendre tendrement la main de son vieux père dans la sienne ; la vit parcourir les corridors de la vieille demeure à l'abri de la cathédrale, tenant à la main des serviettes à marquer ; se plaignant de la médiocrité de la vie quotidienne ; vieillissant doucement, et, l'été venu, se débarrassant de vêtements devenus trop voyants pour son âge ; et soignant son père malade ;

creusant son chemin plus fermement au fur et à mesure qu'elle avançait plus résolument vers son but solitaire ; voyageant à l'économie ; tenant serrés les cordons de sa bourse et comptant sou à sou pour s'offrir tel voyage ou tel miroir ancien ; obstinément résolue à choisir seule ses plaisirs, sans égard pour les commérages. Elle vit Julia...

Julia s'enflammait ; Julia s'embrasait. Sortie de la nuit, elle brûlait d'un feu pâle comme une étoile blanche morte. Julia ouvrit ses bras ; Julia l'embrassa sur les lèvres ; Julia la possédait.

« Les épingles de chez Slater ne piquent pas », dit Miss Craye en riant étrangement et en laissant retomber ses bras tandis que Fanny Wilmot épinglait la fleur à son corsage, les doigts tremblants.

LAPPIN ET LAPINOVA

Ils étaient mariés. La marche nuptiale égrenait ses dernières notes. Les pigeons voletaient. Des garçons en habit d'Eton lançaient des poignées de riz ; un fox-terrier traversa lentement l'allée ; et Ernest conduisit sa jeune épouse jusqu'à la voiture, frayant son chemin dans cette petite foule de curieux anonymes qui, à Londres, s'amassent toujours pour profiter du bonheur et du malheur des autres. Pas de doute, il portait beau et elle paraissait intimidée. On jeta encore quelques poignées de riz, puis la voiture démarra.

C'était mardi dernier. Aujourd'hui, samedi, Rosalind[1] n'avait pas encore eu le temps de s'habituer à être désormais Mrs. Ernest Thorburn. Elle ne s'habituerait peut-être jamais à être Mrs. Ernest Untel, pensait-elle, assise près du bow-window de l'hôtel qui donnait sur le lac, face aux montagnes, en attendant que son mari descende pour le petit déjeuner. Ernest n'était pas un nom auquel il est facile de s'habituer. Ce n'est pas le nom qu'elle aurait choisi. Elle aurait préféré Timothy, Antony ou Peter. Mais il n'avait pas l'air d'un Ernest non plus[1]. Ce nom lui faisait penser à l'Albert Memorial, aux buffets en acajou et aux gravures sur acier du prince consort en famille — bref, la salle à manger de sa belle-mère à Porchester Terrace[2].

Mais c'était lui. Dieu merci, il n'avait pas l'air d'un Ernest — non. Mais de quoi avait-il l'air ? Elle l'observa de biais. Eh bien, quand il mordait dans un toast, il faisait penser à un lapin. Ce n'est pas que ce jeune homme pimpant et musclé, nez droit, yeux bleus, bouche bien dessinée, ressemblât le moins du monde à une de ces créatures chétives et effarouchées. C'est bien ce qui faisait le sel de la chose. Son nez remuait très légèrement quand il mangeait. Comme celui de son cher lapin apprivoisé. Elle ne pouvait s'empêcher de fixer ce nez qui remuait ; si bien qu'elle dut lui expliquer pourquoi elle s'était mise à rire quand il avait surpris son regard.

« C'est parce que tu me fais penser à un lapin, Ernest, dit-elle. Un lapin de garenne, ajouta-t-elle en le regardant. Un lapin de chasse à courre ; un Lapin royal ; qui fait la loi à tous les autres. »

Ernest ne voyait pas d'inconvénient à être cette espèce de lapin, et puisqu'elle trouvait drôle qu'il remuât le nez — ce qu'il ignorait jusqu'alors — il se mit à le faire délibérément. Elle rit à perdre haleine ; et lui aussi, de sorte que les vieilles filles, le pêcheur à la ligne et le serveur suisse en habit noir graisseux, tous pensèrent, à juste titre, qu'ils étaient très heureux. Mais combien de temps dure un tel bonheur ? se demandaient-ils ; et à cette question chacun répondait à sa manière.

Au déjeuner, assise sur une touffe de bruyère au bord du lac, Rosalind dit : « De la laitue, mon lapin ? » en lui tendant des feuilles de salade qu'ils étaient censés manger avec des œufs durs. « Viens chercher », ajouta-t-elle, et il s'étira pour brouter la laitue en remuant le nez.

« Brave lapin, joli lapin », dit-elle en le caressant comme son lapin apprivoisé. Mais c'était idiot. Quoi qu'il en soit, il n'était pas un lapin domestique. Elle l'appela en français : *Lapin**. Mais de toute façon, ce n'était pas un lapin français. Il était anglais des pieds à la tête — naissance à Porchester Terrace, études à Rugby ; aujourd'hui fonctionnaire au service de Sa Majesté. Elle essaya donc « Bunny » ; mais c'était pire. « Bunny » évoquait un être rondouillard, mou et ridicule ; lui était mince, ferme et sérieux. Pourtant son nez remuait. « Lappin[1] », s'exclama-t-elle soudain en poussant un petit cri, comme si elle avait trouvé le mot juste, celui qu'elle cherchait.

« Lappin, Lappin, roi Lappin », répétait-elle. Ce nom semblait lui aller comme un gant ; il n'était pas Ernest, mais le roi Lappin. Pour quelle raison ? Elle l'ignorait.

Quand il n'y avait rien de neuf pour alimenter les conversations de leurs longues promenades solitaires — et il plut beaucoup, comme on le leur avait prédit ; ou quand ils passaient la soirée au coin du feu, car il faisait froid — les vieilles filles et le pêcheur étaient allés se coucher, et le serveur ne se déplaçait que si on le sonnait —, elle laissait libre cours à son imagination pour inventer l'histoire de la tribu Lappin. Sous ses doigts — elle cousait ; lui, lisait le journal — les Lappin prenaient, avec drôlerie, vie et réalité. Ernest posait son journal pour l'aider. Il y avait les lapins noirs et les roux ; les amis et les ennemis. Il y avait le bois où ils vivaient et, plus loin, les prairies et le marais. Il y avait surtout le roi Lappin, qui loin de n'avoir qu'un tour dans son sac — le frémissement de son nez — devenait au fil des jours un animal plein de caractère ; Rosalind ne cessait de lui trouver de nouvelles qualités. C'était surtout un grand veneur.

« Et qu'a fait le roi, aujourd'hui ? » demanda Rosalind le dernier jour de leur lune de miel.

En fait, ils avaient fait de l'alpinisme tout le jour ; et elle avait une ampoule au talon ; mais ce n'est pas ce qu'elle voulait dire.

« Aujourd'hui », dit Ernest, qui d'un coup de dents coupa le bout de son cigare en remuant le nez, « il a chassé le lièvre. » Il s'arrêta, craqua une allumette, toujours en remuant son nez.

« Une dame lièvre, ajouta-t-il.

— Une hase blanche ! » s'écria Rosalind, comme si la chose coulait de source pour elle. « Une assez petite hase ; gris argenté ; avec de grands yeux brillants ?

— C'est ça », dit Ernest en la regardant comme elle l'avait regardé, « un assez petit animal ; avec des yeux proéminents, et devant, deux petites pattes ballantes. » Et c'est bien ainsi qu'elle se tenait, et son ouvrage ballait entre ses doigts ; ses yeux, très grands et très brillants, étaient en effet légèrement proéminents.

« Ah, Lapinova, murmura Rosalind.

— Elle s'appelle donc ainsi, demanda Ernest — la vraie Rosalind ? » Il la regardait. Il se sentait très amoureux.

« Oui, c'est son nom, dit Rosalind. Lapinova. »

Et leur sort fut scellé avant qu'ils n'aillent se coucher ce soir-là. Il était le roi Lappin ; elle, la reine Lapinova. Ils étaient opposés en tout ; lui, hardi et résolu ; elle, circonspecte et changeante. Il régnait sur le monde actif des lapins ; elle vivait dans un monde désert, mystérieux, qu'elle parcourait surtout au clair de lune. Cependant, leurs territoires se touchaient ; ils étaient roi et reine.

C'est ainsi qu'au retour de leur lune de miel ils possédaient tout un monde privé, peuplé entièrement de lapins, à l'exception d'une hase blanche. Nul ne soupçonnait l'existence d'un tel territoire, ce qui le rendait d'autant plus amusant. Ils se sentaient, plus encore que la plupart des jeunes couples, ligués contre le reste du monde. Ils échangeaient des regards de connivence quand on parlait autour d'eux de lapins et de bois, de pièges et de chasse. À table, ils se jetaient un clin d'œil furtif quand la tante Mary déclarait ne pas supporter de voir un lièvre sur un plat — il ressemble tant à un bébé ; ou à l'automne, quand John, le frère chasseur, les renseignait sur le cours du lapin dans le Wiltshire, viande et peau comprise. Parfois, lorsqu'ils avaient besoin d'un garde-chasse, un braconnier ou un seigneur du château, ils s'amusaient à distribuer leurs amis dans ces rôles. La mère d'Ernest, Mrs. Reginald Thorburn, par exemple, tenait à merveille le rôle du seigneur. Mais tout cela restait secret — c'était là un point capital ; ils étaient les seuls à connaître l'existence d'un tel monde.

Rosalind se demandait comment elle aurait survécu cet hiver s'il n'y avait eu ce monde. Il y eut en particulier la réception des noces d'or, où tous les Thorburn se réunirent à Porchester Terrace pour célébrer le cinquantième anniversaire de cette union bénie du ciel — n'avait-elle pas engendré Ernest Thorburn ? — et si féconde — avec neuf autres fils et filles par-dessus le marché, beaucoup d'entre eux étant mariés et tout aussi féconds. Elle avait redouté cette fête. Mais impossible de s'y soustraire. En gravissant l'escalier, elle éprouvait de l'amertume à penser qu'elle était fille unique, et orpheline de surcroît ; une goutte d'eau parmi tous ces Thorburn rassemblés dans le grand salon aux murs tendus de papier peint satiné et lustré, avec les portraits rutilants des ancêtres. Les vivants ressemblaient beaucoup aux morts ; sauf que, au lieu de lèvres peintes, ils en avaient de vraies ; d'où sortaient des plaisanteries ; des blagues d'écoliers, comme la fois où ils avaient retiré la chaise de la gouvernante au moment où elle s'asseyait ; des blagues de grenouilles, comme la fois où ils avaient introduit des grenouilles dans les draps virginaux de vieilles filles. Pour sa part, elle n'avait jamais fait le moindre lit en portefeuille. Son cadeau à

la main, elle s'avança vers sa belle-mère, resplen-
dissante dans sa robe de satin jaune ; et vers son
beau-père qui arborait un éclatant œillet jaune à
sa boutonnière. Tout autour d'eux, sur des tables
et des chaises avaient été déposées toutes sortes
d'offrandes en or ; les unes nichées dans du coton ;
les autres suspendues, étincelantes — bougeoirs ;
étuis à cigares ; chaînes ; chacune dûment estam-
pillée à la marque de l'orfèvre, attestant que c'était
de l'or massif, authentique. Mais le cadeau de
Rosalind était une vulgaire petite boîte en similor
percée de trous ; une boîte à sable ancienne, vieil-
lerie du XVIIIe siècle utilisée autrefois pour sécher
l'encre en la saupoudrant de sable. Un cadeau
tout à fait insensé, se dit-elle — à l'ère du papier
buvard, et, en tendant son tribut, elle revit le jour
de ses fiançailles et les pattes de mouches noires
et courtaudes de sa belle-mère formulant l'espoir
que « mon fils vous rendra heureuse ». Non, elle
n'était pas heureuse. Pas du tout. Elle regarda
Ernest, raide comme un piquet, le nez conforme
à ceux de tous les portraits de la famille ; un nez
qui jamais ne remuait.

Puis on descendit pour le dîner. Elle était partiellement cachée par de grands chrysanthèmes
aux pétales rouges et or roulés en grosses boules
serrées. Tout était en or. Des cartes dorées sur
tranche, ornées de lettrines entrelacées d'un fil
d'or énuméraient un à un tous les plats qui leur
seraient servis. Elle plongea sa cuiller dans une
assiette pleine d'un bouillon clair, doré. La blan-
cheur crue du brouillard régnant au-dehors faisait

place sous les lampes à un filtre de lumière dorée qui estompait le bord des assiettes et soulignait l'or rugueux des ananas. Elle seule, vêtue de blanc dans sa robe de mariée, ses yeux proéminents dans le vague, elle avait l'air pétrifié d'une stalactite de glace.

Au fur et à mesure que le dîner avançait, cependant, la pièce s'emplissait d'une vapeur chaude. La sueur perlait au front des convives masculins. Elle sentait que sa glace se liquéfiait. Elle était en train de fondre ; de se disperser ; de se dissoudre dans le néant ; et allait bientôt s'évanouir. Puis, à travers la houle dans sa tête et le vacarme dans ses oreilles, elle entendit une voix féminine s'écrier : « Mais c'est qu'ils sont prolifiques ! »

Les Thorburn — oui ; ils sont prolifiques, se dit-elle en écho ; en regardant toutes ces faces rubicondes qui lui paraissaient deux fois plus grosses sous l'effet de son vertige et de la brume d'or qui les enveloppait. « Mais qu'est-ce qu'ils sont prolifiques. » C'est alors que John se mit à brailler :

« Petits démons !... Tirez-les ! Écrasez-les à grands coups de bottes ! C'est la seule façon de s'en sortir avec cette saleté de... lapins ! »

À ce mot, par la magie de ce mot, elle ressuscita. À travers les chrysanthèmes, elle aperçut le nez d'Ernest qui remuait. Il frémissait, parcouru par des ondes successives. À ce moment-là, une mystérieuse catastrophe fondit sur les Thorburn. La table dorée fut changée en une lande de genêts en pleine floraison ; la rumeur des voix se transforma en un trille lancé du haut du ciel par une

alouette moqueuse. Le ciel était bleu — traversé
par des nuages au ralenti. Ils avaient tous été
métamorphosés — les Thorburn. Elle regarda
son beau-père, petit homme sournois à la mous-
tache teinte. Il avait un faible pour les collec-
tions — sceaux, boîtes émaillées, nécessaires de
coiffeuse du XVIIIe siècle, qu'il cachait à sa femme
dans les tiroirs de son bureau. Elle le voyait maintenant sous son vrai jour — un braconnier, qui se
sauvait en douce, une bosse protubérante enflant
sa veste, pleine de faisans et de perdrix qu'il allait
jeter dans la marmite à trois pieds de sa petite
chaumière enfumée. Tel était le vrai visage de son
beau-père — un braconnier. Et Celia, la célibataire
de la famille, toujours à fouiner pour exhumer les
secrets des autres, les petites choses qu'ils vou-
laient garder pour eux — c'était un furet blanc aux
yeux roses et au nez barbouillé de terre, rançon
de sa besogne ignoble et souterraine de fouineuse
et de farfouilleuse. Être jetée sur les épaules des
hommes dans un filet et lâchée dans un terrier
— quelle misérable vie — la vie de Celia ; et ce
n'était pas de sa faute. C'est ainsi qu'elle voyait
Celia. Puis elle se tourna vers sa belle-mère
— surnommée le Squire[1]. Cramoisie, grossière,
tyrannique — on la reconnaissait bien là, debout,
à remercier tout le monde, mais à présent que
Rosalind — je veux dire Lapinova — l'avait découverte, elle voyait derrière elle la décrépitude de la
demeure familiale, avec ses murs au plâtre écaillé,
et elle l'entendait rendre grâce à ses enfants (qui
la haïssaient) avec des sanglots dans la voix, pour

un monde qui avait cessé d'exister. Tout à coup le silence se fit. Tous étaient debout, verre levé ; ils le vidèrent ; et tout fut fini.

« Oh, roi Lappin ! s'écria-t-elle pendant leur retour dans le brouillard, si tu n'avais pas remué ton nez à ce moment précis, j'aurais été prise au piège !

— Mais tu es saine et sauve, dit le roi Lappin en pressant sa patte.

— Oui, tout à fait. »

Et ils traversèrent le parc[1], en roi et reine des marais, de la brume et de la lande, qui fleure bon le genêt.

Ainsi passèrent les années ; une ; puis deux. Et puis un soir d'hiver, par hasard le jour anniversaire de la fête des noces d'or — mais Mrs. Thorburn était morte ; la maison à louer ; habitée seulement par un gardien —, Ernest rentra du bureau. Ils avaient une jolie petite maison jumelée, au-dessus de la boutique d'un sellier à South Kensington, pas très loin de la station de métro. Il faisait froid, il y avait du brouillard, et Rosalind cousait assise près du feu.

« Devine ce qui m'est arrivé aujourd'hui », commença-t-elle dès qu'il fut installé, les jambes allongées vers les flammes. « Je traversais le ruisseau quand...

— Quel ruisseau ? interrompit Ernest.

— Le ruisseau au fond du jardin, à la limite de notre bois et du bois noir », expliqua-t-elle.

Un instant Ernest eut l'air complètement abasourdi.

« De quoi diable me parles-tu ? demanda-t-il.

— Mon cher Ernest, s'écria-t-elle consternée. Roi Lappin », ajouta-t-elle en agitant ses petites pattes de devant à la lueur du feu. Mais le nez ne remua pas. Les mains de Rosalind — c'étaient redevenu des mains — s'agrippèrent à l'étoffe qu'elle tenait ; ses yeux lui sortaient presque de la tête. Il fallut au moins cinq minutes à Ernest pour se changer en roi Lappin ; et pendant cette attente, elle sentit peser sur sa nuque un fardeau, comme si on était sur le point de lui tordre le cou. Enfin la métamorphose du roi Lappin s'accomplit ; son nez remua ; et ils passèrent le reste de la soirée à vagabonder dans les bois, à peu près comme à leur habitude.

Mais elle dormit mal. Au milieu de la nuit, elle se réveilla, avec l'impression qu'il lui était arrivé quelque chose d'étrange. Elle était toute raide et avait froid. Elle finit par allumer pour regarder Ernest étendu à ses côtés. Il dormait profondément. Il ronflait. Et même en ronflant, son nez restait parfaitement immobile. On aurait dit qu'il n'avait jamais remué. Était-ce vraiment Ernest ; et était-elle vraiment mariée à Ernest ? Elle eut la vision de la salle à manger de sa belle-mère ; Ernest et elle-même s'y tenaient assis, devenus vieux, au-dessous des gravures et face au buffet… C'étaient leurs noces d'or. Elle ne put le supporter.

« Lappin, roi Lappin ! » murmura-t-elle, et un instant elle crut que son nez remuait spontanément. Mais Ernest continuait à dormir. « Réveille-toi, Lappin, réveille-toi ! » cria-t-elle.

Ernest se réveilla ; et en la voyant assise toute droite à ses côtés, il demanda :

« Que se passe-t-il ?

— J'ai cru que mon lapin était mort ! » gémit-elle. Ernest était furieux.

« Ne dis pas de bêtises, Rosalind. Allonge-toi et dors ! »

Il se tourna de l'autre côté et quelques minutes plus tard il dormait à poings fermés en ronflant.

Mais elle ne dormait pas. Elle était roulée en boule de l'autre côté du lit, comme un lièvre dans son gîte. Elle avait éteint la lumière, mais le lampadaire de la rue éclairait faiblement le plafond, et les arbres y projetaient un lacis de dentelles qui ressemblait à un bosquet plein d'ombre où elle pouvait errer, entrer, sortir, en se contorsionnant et en tourbillonnant tout autour, tantôt chassant et tantôt chassée, écoutant les abois des chiens et la voix du cor ; fugitive, insaisissable... jusqu'à l'heure où la femme de chambre vint tirer les persiennes et leur apporter leur thé du matin.

Le lendemain, elle ne put se fixer sur rien. C'était comme si elle avait perdu quelque chose. Son corps semblait avoir rétréci ; il était devenu étriqué, noir et dur. Ses articulations aussi étaient raides, et, en se regardant dans le miroir, ce qu'elle fit plusieurs fois au cours de son errance de pièce en pièce, elle vit que ses yeux lui sortaient de la tête, comme les raisins secs d'un petit pain. Les pièces elles-mêmes semblaient avoir rapetissé. Elle se cognait dans des meubles monumentaux qui débordaient en formant des angles bizarres.

Elle finit par mettre son chapeau et sortir. Elle prit Cromwell Road ; et dans chacune des maisons où elle jetait un coup d'œil en passant, elle aperçut une salle à manger avec d'épais rideaux de dentelle jaune, des buffets en acajou et des gens à table avec derrière eux des gravures sur acier. Elle atteignit enfin le musée d'Histoire naturelle ; qu'elle aimait beaucoup quand elle était enfant. Mais la première chose qu'elle vit en entrant fut un lièvre empaillé posé sur de la neige artificielle, avec des yeux de verre roses. Sans savoir pourquoi, elle frissonna des pieds à la tête. Elle irait peut-être mieux au crépuscule. Elle rentra chez elle et s'installa au coin du feu, sans lumière, essayant d'imaginer qu'elle était seule sur une lande ; il y avait un ruisseau rapide, et un bois sombre au-delà du ruisseau. Mais elle ne pouvait franchir le ruisseau. Elle s'accroupissait enfin sur l'herbe humide de la berge, et se tassa alors dans son fauteuil, les mains ballantes, vides, et les yeux vitreux comme des yeux de verre à la lumière des flammes. Puis un coup de feu retentit... Elle sursauta comme si elle avait été touchée. C'était simplement Ernest, qui tournait sa clef dans la serrure. Elle attendit, tremblante. Il entra et alluma ; il se tint devant elle, grand, séduisant, frottant ses mains rouges de froid.

« Assise dans le noir ? dit-il.

— Oh, Ernest, Ernest ! » s'écria-t-elle en se redressant dans son fauteuil.

« Allons, qu'y a-t-il maintenant ? » demanda-t-il sèchement, en se réchauffant les mains au feu.

« C'est Lapinova… » bredouilla-t-elle, ses grands yeux effarouchés posant sur lui un regard éperdu. « Elle est partie, Ernest, je l'ai perdue ! »

Ernest fronça les sourcils. Il serra les lèvres. « Oh, c'est donc ça ? » dit-il avec un sourire sardonique. Il resta silencieux pendant dix bonnes secondes ; elle attendait, sentant des mains se resserrer sur sa nuque.

« Oui, dit-il enfin. Pauvre Lapinova… » Il ajusta sa cravate devant le miroir de la cheminée.

« Prise au piège, dit-il, tuée », et il s'assit pour lire le journal.

Ainsi finit ce mariage.

LE LEGS

« Pour Sissy Miller. » Ayant saisi la broche de perles parmi les bijoux, bagues et broches posés en vrac sur la petite table du salon de sa femme, Gilbert Clandon lut l'étiquette : « Pour Sissy Miller, avec mon affection. »

C'était tout Angela d'avoir même pensé à Sissy Miller, sa secrétaire. Et pourtant, comme c'est étrange, se répéta-t-il, qu'elle ait tout laissé en si bon ordre — un petit souvenir à l'intention de chacun de ses amis. On aurait dit qu'elle avait prévu sa mort. Pourtant, elle avait quitté la maison en parfaite santé ce matin-là, six semaines auparavant ; au moment où elle descendait du trottoir, elle avait été fauchée par une voiture, en plein Piccadilly.

Il attendait Sissy Miller. Il l'avait priée de venir ; après toutes ces années passées à leur service, il sentait qu'il lui devait bien quelques égards. Oui, se disait-il encore, en l'attendant, c'est étrange qu'elle ait tout laissé en si bon ordre. À chacun de ses amis, elle avait légué un petit témoignage de son affection. Chaque bague, chaque collier, chaque petite boîte laquée — elle raffolait des petites boîtes — portait une étiquette. Et chaque objet lui rappelait un souvenir. Celui-ci, c'était un cadeau qu'il lui avait fait ; et celui-là — le dauphin en émail aux yeux de rubis —, elle était tombée dessus, un jour, dans une ruelle de Venise. Il entendait encore son petit cri de joie. À lui, bien sûr, elle n'avait rien laissé en particulier, si ce n'est son journal. Quinze petits volumes reliés de cuir vert étaient posés sur le bureau d'Angela, derrière lui. Depuis le début de leur mariage, elle tenait son journal. Certaines de leurs très rares — on ne peut pas dire disputes, prises de bec plutôt — avaient été causées par ce journal. Quand, en rentrant, il la trouvait occupée à écrire, elle fermait le cahier ou cachait la page avec sa main. Il l'entendait encore : « Non, non, non, après ma mort — peut-être. » Elle le lui avait donc laissé, en héritage. C'est la seule chose qu'ils n'eussent pas partagée de son vivant. Mais il avait toujours pensé qu'il mourrait avant elle. Si seulement elle s'était arrêtée un instant pour réfléchir avant d'agir, elle serait encore en vie aujourd'hui. Mais elle était descendue du trottoir sans regarder, d'après le témoignage du conducteur de la voiture. Elle ne lui avait pas laissé le temps de freiner... À cet instant, un bruit de voix retentit dans l'entrée.

« Miss Miller, Monsieur », annonça la femme de chambre.

Miss Miller entra. Il ne l'avait jamais vue seule auparavant, ni, bien sûr, en larmes. Elle était profondément bouleversée, et on le comprend. Angela avait été pour elle plus qu'une patronne. Une amie. Pour lui, songeait-il en l'invitant à s'asseoir dans le fauteuil avancé pour elle, elle n'était pas différente des autres femmes de sa condition. Il y avait des milliers de Sissy Miller — petites femmes ternes, tout de noir vêtues, portant un attaché-case. Mais avec son don de sympathie, Angela avait découvert chez Sissy Miller une multitude de qualités. Elle était la discrétion en personne, avec son silence ; digne de confiance au point qu'on pouvait tout lui dire. Et ainsi de suite.

Au début, incapable de parler, Miss Miller ne fit que se tamponner les yeux avec un mouchoir. Puis elle se ressaisit.

« Je vous prie de m'excuser, Mr. Clandon », fit-elle.

Il murmura. Bien sûr, il comprenait. C'était tout à fait naturel. Il n'avait pas de peine à imaginer ce que sa femme représentait à ses yeux.

« J'ai été si heureuse ici », dit-elle en jetant un regard circulaire. Ses yeux se posèrent sur le bureau derrière lui. C'est là qu'elles avaient travaillé — Angela et elle. Car Angela avait eu son lot des tâches incombant à l'épouse d'un éminent politicien. Elle lui avait rendu de grands services au cours de sa carrière. Il les avait souvent aperçues, Sissy et elle, assises à ce bureau — Sissy à la machine à écrire, dactylographiant des lettres sous la dictée d'Angela. Les pensées de Miss Miller étaient sans doute les mêmes, en ce moment. Il ne lui restait plus qu'à lui donner la broche que sa

femme lui avait laissée. Cadeau incongru en appa-
rence. Elle aurait mieux fait de lui laisser un peu
d'argent, voire la machine à écrire. Mais puisqu'il
en était ainsi — « Pour Sissy Miller, avec mon
affection ». Il lui tendit la broche, joignant à son
geste le petit discours de circonstance qu'il avait
préparé. Il savait, dit-il, qu'elle l'apprécierait à sa
juste valeur. Sa femme l'avait souvent portée... À
quoi elle répondit, en prenant possession de l'objet, par un discours tout aussi apprêté, disant que
ce serait toujours pour elle un bien précieux...
Elle devait bien avoir d'autres vêtements sur les-
quels une broche de perles paraîtrait moins dépla-
cée. Elle portait un méchant petit ensemble noir
— jupe et veste — qui semblait être l'uniforme de
sa profession. Il lui revint tout à coup qu'elle était
en deuil. Mais oui, bien sûr ! Elle avait, elle aussi,
traversé une tragédie — un frère qu'elle chéris-
sait était mort à peine une semaine ou deux avant
Angela. N'était-ce pas aussi un accident ? La seule
chose dont il se souvenait, c'est que c'était Angela
qui lui avait appris la nouvelle ; Angela, avec son
don de sympathie, avait été terriblement bouleversée. Entre-temps, Sissy Miller s'était levée. Elle
mettait ses gants. Elle ne voulait pas s'imposer,
c'est clair. Mais il ne pouvait pas la laisser partir
sans lui parler de son avenir. Avait-elle des projets ? Pouvait-il lui venir en aide d'une manière
ou d'une autre ?

Elle regardait fixement le bureau où elle avait
passé tant de temps derrière la machine à écrire,
et où se trouvait le journal. Perdue dans ses souve-

nirs d'Angela, elle ne répondit pas immédiatement
à son offre. Pendant un instant, elle parut ne pas
comprendre. Il répéta donc :

« Quels sont vos projets, Miss Miller ?

— Mes projets ? Oh, ne vous tourmentez pas,
Mr. Clandon ! Je vous en prie, ne vous faites pas
de souci pour moi. »

Il crut comprendre qu'elle disait ne pas avoir
besoin d'aide pécuniaire. Il songea que, quoi qu'il
en soit, il ferait mieux de renouveler son offre de
secours par lettre. Pour l'heure, la seule chose
à dire c'était, en lui pressant la main : « N'oubliez pas, Miss Miller, que si je peux vous aider
de quelque façon, ce sera avec plaisir... » Puis il
ouvrit la porte. Elle resta un instant sur le seuil,
immobile, comme saisie par une idée soudaine :

« Mr. Clandon », dit-elle en le regardant droit
dans les yeux pour la première fois, et pour la
première fois il fut frappé par l'expression de son
regard, pénétrant, et cependant empreint de com-
passion. « Si un jour ou l'autre, je peux vous venir
en aide de quelque façon, n'oubliez pas que, par
égard pour votre femme, ce sera avec plaisir... »

Elle disparut sur ces mots, surprenants comme
le regard qui les accompagnait. C'était presque
comme si elle avait cru ou espéré qu'il aurait
besoin d'elle. En regagnant son fauteuil, une pensée lui vint, bizarre, peut-être même invraisem-
blable. Était-il possible que, pendant toutes ces
années où il l'avait à peine remarquée, elle ait,
comme on dit dans les romans, nourri à son égard
une passion secrète ? Il jeta un coup d'œil en pas-

sant à son reflet dans le miroir. Il avait plus de cinquante ans ; mais il ne pouvait pas s'empêcher, au vu de cette image, de se trouver fort distingué.

« Pauvre Sissy Miller ! » se dit-il en réprimant un fou rire. Comme il aurait aimé partager cette bonne plaisanterie avec sa femme ! Il se tourna instinctivement vers son journal et le lut au hasard : « Gilbert était si attirant... » C'était comme une réponse à sa question. Naturellement, semblait dire Angela, vous plaisiez beaucoup aux femmes. Naturellement, Sissy Miller n'était pas insensible. Il reprit sa lecture. « Comme je suis fière d'être sa femme ! » Lui avait toujours été fier d'être son mari. Lorsqu'ils dînaient en ville, combien de fois l'avait-il regardée, de l'autre côté de la table, en se disant qu'elle était la plus jolie femme de la soirée ! Il poursuivit sa lecture. Cette année-là, la première, il s'était présenté aux élections parlementaires. Ils avaient parcouru ensemble toute sa circonscription. « Quand Gilbert se rassit, il y eut un tonnerre d'applaudissements. L'auditoire se leva comme un seul homme pour chanter : *For he is a jolly good fellow*[1]. J'étais muette de saisissement. » Il s'en souvenait, lui aussi. Elle était assise à son côté dans la tribune. Il se rappelait le regard qu'elle lui avait lancé, et ses yeux pleins de larmes. Et après ? Il tourna les pages. Ils étaient allés à Venise. Heureux souvenir que ces vacances après les élections. « Nous avons mangé des glaces au Florian. » Il sourit — quelle enfant, elle adorait les glaces. « Gilbert m'a fait un récit passionnant de l'histoire de Venise. Il m'a raconté que les

doges… », tout cela écrit de son écriture d'écolière.
L'un des plaisirs de voyager avec Angela, c'était sa
grande soif d'apprendre. Elle était si effroyable-
ment ignorante et s'en excusait, comme si elle ne
savait pas que c'était un de ses charmes. Puis — il
ouvrit le volume suivant — ils étaient rentrés à
Londres. « Je tenais tant à faire bonne impression.
Je portais ma robe de mariée. » Il la revoyait assise
à côté du vieux Sir Edward ; faisant la conquête
de ce redoutable vieillard qui était son chef. Il
lisait hâtivement, complétant l'une après l'autre
les scènes fragmentaires et décousues. « Dîner
à la Chambre des communes… Soirée chez les
Lovegrove. Lady L. m'a demandé si je mesurais
ma responsabilité en tant qu'épouse de Gilbert. »
Puis, au fil des années — il saisit un autre volume
sur le bureau — son travail n'avait cessé de l'absorber davantage. Et elle, naturellement, restait
de plus en plus souvent seule. Elle semblait avoir
beaucoup souffert de ne pas avoir d'enfants. « Je
voudrais tellement que Gilbert eût un fils ! » avait-
elle écrit quelque part. Curieusement, lui-même
n'avait jamais eu beaucoup de regrets. Telle quelle,
sa vie avait été si remplie, si pleine. Cette année-là,
il avait été nommé à un poste de sous-secrétaire
d'État. Poste de second plan seulement, ce qui
faisait dire à Angela : « Il sera Premier Ministre un
jour, j'en suis sûre à présent ! » Certes, les choses
avaient tourné autrement, mais il aurait pu en
être ainsi. Il suspendit sa lecture un instant pour
méditer sur ce qui aurait pu être. La politique est
un jeu de hasard, se dit-il ; mais la partie n'était

pas encore terminée. Non, pas à cinquante ans. Il
jeta un coup d'œil rapide sur la suite, des pages
remplies de futilités, d'insignifiants petits bon-
heurs qui avaient meublé le quotidien de sa vie
de femme.

Il saisit un nouveau cahier et l'ouvrit au hasard.
« Quelle lâcheté ! J'ai encore laissé échapper ma
chance. Mais il m'a semblé si égoïste de l'ennuyer
avec mes petites affaires, alors qu'il a tant de
sujets de préoccupation. De plus, nous passons
si rarement la soirée en tête à tête. » Qu'est-ce
que cela signifiait ? Ah, il avait trouvé l'explica-
tion — il s'agissait de son travail dans l'East End[1].
« J'ai pris mon courage à deux mains pour parler
enfin à Gilbert. Il a été si gentil, si compréhensif.
Il n'a manifesté aucune opposition. » Il se souvenait de cette conversation. Elle s'était plainte
de sa trop grande oisiveté, de son inutilité. Elle
avait envie d'avoir une occupation. Elle voulait
faire quelque chose — assise justement dans ce
fauteuil, elle avait rougi d'une façon charmante en
disant cela — pour aider les autres. Il l'avait taqui-
née gentiment. N'avait-elle pas assez à faire de
s'occuper de lui, de sa maison ? Mais si cela l'amu-
sait, il n'y voyait naturellement aucune objection.
De quoi s'agissait-il ? Une œuvre paroissiale ? Un
comité de bienfaisance ? Une seule condition : elle
devait lui promettre de ne pas se rendre malade.
C'est ainsi qu'elle s'était rendue tous les mercredis
du côté de Whitechapel. Il se souvenait d'avoir
détesté les vêtements dont elle s'affublait en la
circonstance. Mais elle avait l'air d'avoir pris cela

très au sérieux. Le journal fourmillait de réfé-
rences semblables à celles-ci : « Vu Mrs. Jones...
Elle a dix enfants... Le mari a perdu un bras dans
un accident... Ai remué ciel et terre pour trouver
un emploi à Lily. » Il sauta quelques pages. Les
occurrences de son propre nom étaient moins
fréquentes. Son intérêt se relâcha. Certaines
entrées ne lui disaient rien. Par exemple : « Discussion passionnée sur le socialisme avec B. M. »
Qui était B. M.? Il ne parvenait pas à compléter
les initiales, une femme, sans doute, rencontrée
à un de ses comités. « B. M. a critiqué violemment les classes supérieures... Je suis rentrée à
pied de la réunion, avec B. M., et j'ai essayé de
le convaincre. Mais il est tellement borné. » Ainsi
B. M. était donc un homme — probablement un
de ces soi-disant « intellectuels », si violents et
bornés, aux dires d'Angela. Elle l'avait apparemment invité : « B. M. est venu dîner. Il a serré
la main de Minnie ! » Avec cette exclamation,
les choses lui apparurent sous un jour nouveau.
B. M. n'avait pas l'air habitué à voir des femmes
de chambre ; et il avait serré la main de Minnie.
Ce devait être un de ces ouvriers émancipés qui
fréquentent les salons de ces dames pour y exposer leurs idées. Gilbert connaissait bien ce genre
d'individus et n'avait aucune sympathie pour le
spécimen en question. Son nom, de nouveau :
« Suis allée avec B. M. à la Tour de Londres... Il a
dit que la révolution était inévitable... Nous nous
berçons d'illusions. » C'est exactement le genre
de propos que l'on pouvait attendre de la part

de B. M. — Gilbert croyait l'entendre. Il le voyait aussi avec précision — un petit homme trapu avec une barbe hirsute, une cravate rouge et l'inévitable costume en tweed qu'ils portent tous, un parasite qui n'avait jamais travaillé honnêtement de sa vie. Angela avait sûrement eu le bon sens de le percer à jour. Il continua sa lecture. « B. M. a dit des choses très désagréables à propos de... » Le nom avait été effacé avec soin. « Je lui ai répondu que je ne voulais plus l'entendre proférer des injures contre... » De nouveau le nom était effacé. Se pouvait-il que ce fût son propre nom ? Était-ce pour cette raison qu'Angela cachait si prestement la page quand il entrait ? Cette pensée accentua son inimitié grandissante à l'égard de B. M. Ce monsieur avait eu l'impudence de parler de lui dans cette pièce même. Pourquoi Angela avait-elle gardé cela pour elle ? Ce n'était vraiment pas son genre de dissimuler ; elle était la candeur même. Il tourna les pages, s'arrêtant à tous les passages concernant B. M. « B. M. m'a raconté toute son enfance. Sa mère faisait des ménages... Quand j'y pense, je peux à peine supporter de continuer à vivre dans tout ce luxe... Porter des chapeaux à trois guinées ! » Si seulement elle en avait discuté avec lui au lieu de se casser sa pauvre petite tête avec des questions qui dépassaient largement son entendement ! Il lui avait prêté des livres. Karl Marx. *La Révolution en marche*. Les initiales, B. M., B. M., B. M. revenaient à chaque page. Jamais le nom complet, pourquoi ? Il y avait dans cet usage des seules initiales une familiarité, une intimité qui ressemblaient peu à Angela. Le nommait-elle B. M. en tête à tête ? Il continua sa lecture. « B. M. est arrivé à l'improviste après le dîner. Par bonheur, j'étais seule. » Il y avait à peine un an de cela. « Par bonheur ? » — pourquoi par bonheur ? — «J'étais seule. » Pourquoi était-il venu ce soir-là ? Il vérifia la date dans son agenda. C'était le soir du dîner à Mansion House[1]. B. M. et Angela avaient passé la soirée ensemble ! Il essaya de se remémorer cette soirée. Était-elle encore debout à l'attendre quand il était rentré ? Est-ce que tout était normal dans la pièce ? Y avait-il des verres sur la table ? Les fauteuils avaient-ils été rapprochés ? Il ne se souvenait de rien — absolument rien, hormis son propre discours au dîner de Mansion House. C'était de plus en plus incompréhensible — toute cette situation : sa femme recevant un inconnu sans témoins. Il allait peut-être trouver des explications dans le cahier suivant. Il s'empressa d'attraper le dernier volume du journal — celui qu'elle avait laissé inachevé. Et voilà que ce satané bonhomme apparaissait dès la toute première page. « Dîner en tête à tête avec B. M... Il s'est mis dans tous ses états. Il a dit qu'il était temps de se comprendre tous les deux... J'ai essayé de le forcer à m'écouter. Mais il s'y est refusé. Il m'a menacée, si je... » Le reste était entièrement surchargé. Elle avait écrit « Égypte. Égypte. Égypte[2] » sur toute la page. On ne pouvait pas déchiffrer un seul mot, mais l'interprétation ne faisait aucun doute : le vaurien lui avait demandé de devenir sa maîtresse. Seuls dans cette pièce ! Le visage de Gilbert Clandon s'empourpra. Il tourna les pages à toute allure. Quelle réponse lui avait-elle donnée ? Plus d'initiales. C'était juste « il » à présent. « Il est revenu. Je lui ai dit que je ne parvenais pas à prendre une décision… Je l'ai supplié de me laisser. » Il l'avait donc poursuivie de ses assiduités jusque dans cette maison ? Mais pourquoi n'avait-elle rien dit ? Comment avait-elle pu hésiter ne fût-ce qu'un instant ? Et puis les mots : « Je lui ai écrit une lettre », suivis de pages vierges. Et puis encore : « Pas de réponse à ma lettre. » D'autres pages blanches ; et pour finir : « Il a mis sa menace à exécution. » Et après — que s'est-il passé après ? Il feuilleta tout le cahier. Les pages étaient vierges. Mais là, exactement la veille de sa mort, il lut : « Ai-je le courage de faire de même ? » C'était tout.

Gilbert Clandon laissa le cahier glisser à terre. Il la revoyait devant lui. Elle se tenait au bord du trottoir à Piccadilly. Le regard fixe ; les poings serrés. C'est alors que la voiture…

C'était intolérable. Il fallait qu'il sache la vérité. Il se dirigea vers le téléphone à grandes enjambées.

« Miss Miller ! » Silence. Puis quelqu'un bougea dans la pièce.

« Sissy Miller à l'appareil » — c'était sa voix enfin, au bout du fil.

« Qui, tonna-t-il, est B. M.? »

Il entendait le tic-tac de la pendule bon marché posée sur sa cheminée, puis il y eut un long soupir. Et elle dit enfin :

« C'était mon frère. »

C'*était* son frère ; ce frère qui s'était suicidé.

« Y a-t-il, dit la voix de Sissy Miller, quelque chose que je puisse expliquer ?

— Rien ! s'écria-t-il. Rien. »

C'était son legs. Elle lui avait dit la vérité. Elle avait sauté du trottoir pour rejoindre son amoureux. Elle avait sauté du trottoir pour lui échapper.

DOSSIER

CHRONOLOGIE

Pour une synthèse des éléments biographiques présents tant dans le journal de Virginia Woolf que dans sa correspondance, en particulier en ce qui concerne ses lectures, voir Edward Bishop, *A Virginia Woolf Chronology*, Boston, G. K. Hall & Co., 1989. On trouvera, par ailleurs, une chronologie très complète dans les deux volumes des *Œuvres romanesques* de Virginia Woolf parus dans la Bibliothèque de la Pléiade.

1879. 30 mai. Naissance de Vanessa Stephen, la sœur aînée de Virginia Woolf.
1880. 8 septembre. Naissance de Julian Thoby Stephen, frère de Virginia.
1882. 25 janvier. Naissance d'Adeline Virginia Stephen. Elle est la deuxième fille de Julia Duckworth et de Leslie Stephen, homme de lettres réputé, essayiste et rédacteur en chef, à partir du mois de novembre 1882, du *The Dictionary of National Biography*. Leslie Stephen avait épousé en premières noces une fille de l'écrivain W. M. Thackeray, Harriet Marian (1840-1875).
1883. 27 octobre. Naissance d'Adrian Leslie Stephen, second frère de Virginia.
1891. Février. Les enfants Stephen lancent un petit journal familial, *The Hyde Park Gate News* (Londres,

Esperus Press, 2005), du nom de la rue dans laquelle se situe la maison des Stephen, à Kensington, dans l'ouest de la capitale. Cette expérimentation journalistique offrait des informations sur la vie de la famille, mais aussi de courts récits.

1895. 5 mai. Décès de Julia Stephen. Cette disparition plonge Virginia dans une détresse psychologique extrême.

1897. Janvier. Elle commence à tenir un journal et s'immerge dans la lecture, activité facilitée par son libre accès à la vaste bibliothèque paternelle.

Novembre. Elle suit des cours de grec et d'histoire au King's College de Londres. Elle les poursuit en 1898. En 1902, elle reçoit des cours particuliers de grec avec Janet Case, qui avait été l'une des premières étudiantes de Girton College à l'université de Cambridge, le premier collège créé pour accueillir des jeunes filles.

1900. Octobre. Thoby présente sa sœur à ses condisciples de l'université de Cambridge, Clive Bell (qui deviendra l'époux de Vanessa) et Lytton Strachey.

1901. 22 janvier. Mort de la reine Victoria. Son fils Édouard lui succède et devient le roi Édouard VII.

1904. 22 février. Décès de Leslie Stephen.

Mai à août. Virginia souffre de graves troubles psychologiques et tente de mettre fin à ses jours.

Novembre. Elle commence à travailler à des comptes rendus et des articles pour le *Guardian*, où elle est introduite par Mrs. Lyttleton, responsable du supplément féminin du journal.

14 décembre. Le *Guardian* publie son premier compte rendu non signé. Il porte sur le roman de William Dean Howells, *The Son of Royal Langbrith*. Le 21, le *Guardian* publie un article d'elle sur Haworth, le village natal des sœurs Brontë.

1905. 10 mars. Elle publie le premier de ses très nombreux comptes rendus pour le *Times Literary Supplement*.

Elle débute de même sa collaboration avec les revues *National Review* et l'*Academy*.

29 mars. Départ pour un voyage d'un mois au Portugal puis dans le sud de l'Espagne avec son frère Adrian.

Automne. Les quatre enfants Stephen s'installent à Gordon Square, dans le quartier de Bloomsbury, bien moins huppé que le quartier de Hyde Park Gate. Ils organisent des soirées de discussion qui seront au fondement de ce qui sera connu comme le « groupe de Bloomsbury ».

1906. Septembre à novembre. Voyage en Grèce et jusqu'à Constantinople avec sa sœur et ses frères.

20 novembre. Thoby meurt d'une fièvre typhoïde contractée en Grèce.

1907. E. M. Forster publie *Le Plus Long des Voyages (The Longest Journey)*.

7 février. Mariage de Vanessa avec Clive Bell, qui est devenu critique d'art.

Octobre à décembre. Virginia travaille à un projet de roman, *Melymbrosia*, qui deviendra *Traversées (The Voyage Out)*.

1908. Publication d'*Avec vue sur l'Arno (A Room With a View)* d'E. M. Forster.

Virginia et les Bell se rendent en Italie.

1909. 20 février. F. T. Marinetti publie son « Manifeste futuriste » dans *Le Figaro*.

1910. Virginia et un petit groupe d'amis (dont son frère Adrian et le peintre Duncan Grant) élaborent le canular dit du *Dreadnought* : ils se font passer pour des ambassadeurs abyssiniens désireux de visiter le joyau de la marine britannique, le *HMS Dreadnought*. Ils sont reçus, grimés et costumés, à bord du navire et les honneurs leur sont rendus sans qu'ils soient démasqués. L'épisode fait grand bruit, mais les cinq amis ne sont finalement pas inquiétés. E. M. Forster publie *Howards End*.

6 mai. Mort du roi Édouard VII. Son fils George lui succède sur le trône et devient George V.

Janvier. Virginia dit accepter d'apporter son soutien au mouvement des suffragettes.

Mars à octobre. Sérieuse dépression.

8 novembre-15 janvier 1911. Première exposition postimpressionniste, organisée par l'ami des Bell et de Virginia, le critique d'art et commissaire d'expositions Roger Fry, aux Grafton Galleries de Londres. Elle inclut, entre autres, des œuvres de Manet, Matisse, Seurat, Odilon Redon, Cézanne, Van Gogh, Gauguin, mais aussi Picasso.

1912. Débuts du mouvement imagiste, à l'initiative du poète américain Ezra Pound.

10 août. Virginia épouse Leonard Woolf, un ami proche de son frère Thoby. Il avait occupé, jusqu'en 1911, un poste d'administrateur à Ceylan. D'août à septembre, les Woolf voyagent en Provence, en Espagne et en Italie.

5 octobre-31 décembre. Roger Fry organise la seconde exposition postimpressionniste aux Grafton Galleries et expose, aux côtés de Matisse et Picasso, des artistes anglais dont Vanessa Bell, Duncan Grant et Wyndham Lewis, mais aussi l'avant-garde russe avec des œuvres de Mikhaïl Larionov.

1913. Publication d'*Alcools* d'Apollinaire, *Du côté de chez Swann* de Marcel Proust, *Amants et fils (Sons and Lovers)* de D. H. Lawrence.

Juillet à novembre. Virginia traverse un très grave épisode dépressif et fait une tentative de suicide.

1914. 4 août. Le Royaume-Uni déclare la guerre à l'Allemagne, après l'invasion de la Belgique par l'Allemagne et sa déclaration de guerre à la France.

James Joyce publie *Gens de Dublin (Dubliners)* et le début de *Portrait de l'artiste en jeune homme (A Portrait of the Artist as a Young Man)*.

Novembre-décembre. Leonard est sollicité par la

Société Fabienne (Fabian Society) pour rédiger un rapport sur les relations internationales. Il sera publié en 1915 dans *The New Statesman* et complété en 1916 pour devenir *International Government*. Il servira en partie de base au projet de la Société des Nations.

1915. 25 janvier. Les Woolf s'installent à Richmond, à l'ouest de Londres.

26 mars. Publication de *Traversées (The Voyage Out)*, par la maison d'édition du demi-frère de Virginia, Gerald Duckworth.

Elle connaît à nouveau un long épisode dépressif de février à juin.

1916. Octobre. Virginia donne des conférences devant la section de Richmond de la Women's Cooperative Guild, dont elle est un membre actif.

1917. Avril. Les Woolf font l'acquisition d'une presse, sur laquelle ils publient leurs premières nouvelles pour leur maison d'édition The Hogarth Press, du nom de leur demeure de Richmond.

1918. Mars à novembre. Virginia travaille activement à son roman *Nuit et jour (Night and Day)*.

Avril. Harriet Shaw Weaver, l'éditrice de *Portrait de l'artiste en jeune homme*, apporte le manuscrit d'*Ulysse* aux Woolf, mais ils décident de ne pas le publier.

Mai. Parution de la biographie de Lytton Strachey *Victoriens éminents (Eminent Victorians)*.

11 novembre. Fin de la Première Guerre mondiale. Les femmes de plus de trente ans se voient accorder le droit de vote.

Marcel Proust publie *À l'ombre des jeunes filles en fleurs*.

15 novembre. Virginia rencontre le poète américain T. S. Eliot.

1919. John Maynard Keynes, un intime des Woolf, publie *Les Conséquences économiques de la paix (The Economic Consequences of the Peace)*. La Hogarth

Press publie des nouvelles de Leonard et de Virginia (dont « Kew Gardens »), mais aussi des poèmes de T. S. Eliot.

1er juillet. Les Woolf achètent Monk's House, dans le village de Rodmell, dans le comté du Sussex, au sud de Londres.

Octobre. Parution de *Nuit et jour*, chez Duckworth.

1920. D. H. Lawrence publie *Femmes amoureuses (Women in Love)* ; Proust, *Le Côté de Guermantes*. La Hogarth Press publie Maxime Gorki en traduction.

Printemps. Virginia travaille à *La Chambre de Jacob (Jacob's Room)*.

Mai. Le parti travailliste (créé en 1900) propose à Leonard Woolf de se présenter aux élections législatives au titre de la circonscription des universités anglaises, celles-ci envoyant alors des députés à la Chambre des communes. Il échoue à se faire élire.

1921. Publication de *Six personnages en quête d'auteur* de Luigi Pirandello, *Sodome et Gomorrhe* de Proust, *La Reine Victoria (Queen Victoria)* de Lytton Strachey.

La Hogarth Press publie des nouvelles de Virginia, mais aussi poursuit la publication de Gorki.

1922. Mort de Marcel Proust. Publication d'*Ulysse (Ulysses)* de Joyce, *La Dynastie des Forsyte (The Forsyte Saga)* de John Galsworthy, *La Garden-Party et autres nouvelles (The Garden Party)* de Katherine Mansfield, *La Terre vaine (The Waste Land)* de T. S. Eliot, *Tractatus logico-philosophicus* de Ludwig Wittgenstein.

La Hogarth Press publie, entre autres, *Psychologie collective et analyse du moi (Group Psychology and the Analysis of the Ego)* de Sigmund Freud, dans une traduction de James Strachey, frère de Lytton.

27 octobre. Parution de *La Chambre de Jacob*.

Décembre. Première rencontre, lors d'un dîner, avec Vita Sackville-West.

1923. W. B. Yeats reçoit le prix Nobel de littérature. Publication de *Kangourou (Kangaroo)* de D. H. Lawrence, des *Élégies de Duino* et des *Sonnets à Orphée* de Rainer Maria Rilke. Parution de *La Prisonnière* de Marcel Proust (posthume). La Hogarth Press republie *La Terre vaine* de T. S. Eliot.

Janvier. Virginia travaille à ce qui sera *Mrs. Dalloway* et qui a encore pour titre *Les Heures (The Hours)*.

Mars. Leonard Woolf est nommé directeur littéraire de la revue *Nation & Athenaeum*. Les Woolf partent pour un séjour d'un mois en Espagne.

Septembre. Elle travaille à ce qui deviendra le premier volume du *Commun des lecteurs (The Common Reader)*.

1924. Mort de Joseph Conrad et de Franz Kafka. Publication de *La Route des Indes (A Passage to India)* d'E. M. Forster et de *La Montagne magique* de Thomas Mann. Lancement de la revue *La Révolution surréaliste*.

Mars. Les Woolf s'installent à Tavistock Square, toujours dans le quartier de Bloomsbury.

Mai. La British Psycho-Analytical Society prend contact avec les Woolf en vue de la publication par la Hogarth Press de la traduction anglaise de l'œuvre de Freud.

8 octobre. Virginia achève la rédaction de *Mrs. Dalloway*.

1925. G. B. Shaw reçoit le prix Nobel de littérature. Parution de *Manhattan Transfer* de John Dos Passos, *The Great Gatsby* de F. Scott Fitzgerald, *A Vision* de W. B. Yeats. La Hogarth Press publie deux essais de J. M. Keynes.

23 avril. Publication du volume 1 du *Commun des lecteurs*.

14 mai. Publication de *Mrs. Dalloway*.

1926. Grève générale en Grande-Bretagne, opposant

les syndicats et le gouvernement conservateur de Stanley Baldwin.

Publication de : *Le soleil se lève aussi (The Sun Also Rises)* d'Ernest Hemingway, *Les Faux-Monnayeurs* d'André Gide, *Le Château* de Kafka (posthume), *Le Serpent à plumes (The Plumed Serpent)* de D. H. Lawrence, *Les Sept Piliers de la sagesse (The Seven Pillars of Wisdom)* de T. E. Lawrence.

Janvier. Virginia s'attelle à la rédaction de *Vers le Phare (To the Lighthouse)*.

Juillet. Ils rendent visite à l'écrivain Thomas Hardy.

1927.   Publication de l'essai *Aspects du roman (Aspects of the Novel)* d'E. M. Forster et de *Hommes sans femmes (Men Without Women)* d'Ernest Hemingway. La Hogarth Press publie des œuvres de Freud et de Sándor Ferenczi.

Fin mars-fin avril. Les Woolf voyagent en France et en Italie.

5 mai. Publication de *Vers le Phare*.

27 juillet-1er août. Virginia séjourne à Dieppe où elle rencontre Jacques-Émile Blanche.

Octobre. Elle entame la rédaction d'*Orlando*.

1928.   Les femmes se voient accorder le droit de vote dès vingt et un ans.

Publication de *L'Amant de Lady Chatterley (Lady Chatterley's Lover)* de D. H. Lawrence.

2 mai. Virginia reçoit le Prix Femina-Vie Heureuse.

11 octobre. Publication d'*Orlando*.

20 octobre. Virginia se rend à Cambridge avec ses proches pour délivrer deux conférences dans les collèges pour femmes. Ces conférences révisées donneront *Une chambre à soi (A Room of One's Own)*.

1929.   Les travaillistes accèdent au pouvoir.

Thomas Mann reçoit le prix Nobel de littérature.

Publication du *Bruit et la fureur (The Sound and the Fury)* de William Faulkner et de *L'Adieu aux armes (A Farewell to Arms)* d'Ernest Hemingway.

La Hogarth Press publie *Le Journal du voyage de Michel de Montaigne en Italie*.

Janvier. Les Woolf se rendent à Berlin. En juin, ils se rendent à Cassis.

Mars. Virginia s'attelle à la rédaction de *Les Éphémères (The Moths)*, titre provisoire de ce qui deviendra *Les Vagues (The Waves)*.

30 septembre. Les Woolf assistent au congrès du parti travailliste à Brighton.

24 octobre. Publication de *Une chambre à soi*.

1930. Publication de *Tandis que j'agonise (As I Lay Dying)* de William Faulkner et de *La Vierge et le bohémien (The Virgin and the Gipsy)* de D. H. Lawrence.

La Hogarth Press publie notamment *Malaise dans la civilisation* de Freud et des nouvelles d'Italo Svevo.

Juin. Virginia travaille aux *Vagues*.

1931. Publication de *Sanctuaire (Sanctuary)* de William Faulkner.

La Hogarth Press a une activité éditoriale intense et publie, entre autres livres, *Les Élégies de Duino* de Rilke en traduction, *Life as We Have Known It, by Cooperative Working Women*, que Virginia préface.

Avril. Les Woolf se rendent en France.

Août-septembre. Virginia amorce ce qui sera *Flush*, la biographie romancée de la poétesse victorienne Elizabeth Barrett Browning, vue par son épagneul.

8 octobre. Publication des *Vagues*.

1932. Publication de *Lumière d'août (Light in August)* de William Faulkner, *Mort dans l'après-midi (Death in the Afternoon)* d'Ernest Hemingway, *Le Meilleur des mondes (Brave New World)* d'Aldous Huxley.

21 janvier. Mort de l'ami des Woolf, le biographe Lytton Strachey.

Avril-mai. Les Woolf voyagent en Grèce.

Octobre. Début de la longue gestation de ce qui sera *Les Années (The Years)*.

3-5 octobre. Les Woolf assistent au congrès du parti travailliste à Leicester.

13 octobre. Publication de *The Common Reader : Second Series*.

1933. Le 30 janvier, Adolf Hitler est nommé chancelier de la République de Weimar.

Mai. Les Woolf voyagent en Italie.

5 octobre. Publication de *Flush*.

1934. Sous l'impulsion d'Oswald Mosley, le mouvement fasciste prend de l'ampleur en Grande-Bretagne.

Pirandello reçoit le prix Nobel de littérature. Publication de *Tendre est la nuit (Tender is the Night)* de F. Scott Fitzgerald et de *La Machine infernale* de Jean Cocteau.

La Hogarth Press poursuit la publication des œuvres de Rilke et Gorki en traduction.

Avril. Les Woolf se rendent en Irlande.

Octobre. Virginia rencontre le poète et dramaturge irlandais W. B. Yeats.

25 octobre. Publication de l'essai *Walter Sickert : A Conversation* sous forme de plaquette.

Novembre. Virginia rencontre Man Ray qui fera d'elle plusieurs portraits.

1935. Publication de *Tortilla Flat* de John Steinbeck.

18 janvier. La seule pièce de Virginia Woolf, *Freshwater*, est représentée devant leur cercle d'intimes chez Vanessa Bell. La pièce, dont la version initiale date de 1923, décrit sur un mode parodique la vie de la grand-tante de Virginia, la photographe Julia Margaret Cameron (1815-1879).

Mai. Les Woolf sillonnent l'Europe (Hollande, Allemagne, Italie, France).

30 septembre-2 octobre. Ils assistent au congrès du parti travailliste à Brighton.

1936. 20 janvier. Mort du roi George V. Édouard, son fils, accède au trône, mais abdique le 10 décembre 1936, au profit de son frère George, qui devient George VI.

Début de la guerre d'Espagne.

Disparition de Rudyard Kipling, Gorki, Pirandello, Federico García Lorca.

La Hogarth Press publie *Les Sonnets à Orphée* de Rilke en traduction.

9 février. Les Woolf participent à une réunion du groupe Vigilance, organisation d'intellectuels opposés au fascisme.

Mai à novembre. Virginia traverse une période d'épuisement et de dépression.

14 décembre. Elle publie un article, « Why Art To-Day Follows Politics ? », dans le quotidien communiste *Daily Worker*, son unique essai recensé pour cette année-là.

1937. Publication de *USA* de John Dos Passos, de *Des Souris et des hommes* (*Of Mice and Men*) de John Steinbeck, de *En avoir ou pas* (*To Have and Have Not*) d'Ernest Hemingway.

La Hogarth Press poursuit la publication d'ouvrages de psychanalyse (Melanie Klein, Freud).

22 février. Virginia reçoit la visite de Marguerite Yourcenar, qui vient de traduire *Les Vagues*.

15 mars. Publication des *Années*.

Mai. Les Woolf voyagent dans le sud de la France.

18 juillet. Mort de Julian Bell, le fils de Vanessa, qui s'était engagé comme ambulancier dans les brigades internationales pour combattre en Espagne.

1938. 12 mars. Hitler envahit l'Autriche. Publication du *Rocher de Brighton* (*Brighton Rock*) de Graham Greene.

Février. Virginia cède ses parts de la Hogarth Press au poète John Lehmann, qui avait été leur assistant en 1931-1932.

Avril. Elle commence à imaginer ce qui deviendra *Entre les actes* (*Between the Acts*).

2 juin. Publication de *Trois guinées* (*Three Guineas*), conçu comme le pendant politique des *Années*.

1939. 1ᵉʳ septembre. L'Allemagne envahit la Pologne. Le 3 septembre le Royaume-Uni déclare la guerre à l'Allemagne.

Mort de Freud et de Yeats. Publication de *Finnegans Wake* de Joyce.

28 janvier. Les Woolf rendent visite à Freud réfugié à Londres.

Juin. Ils voyagent en Bretagne et en Normandie.

1940. Publication de *La Puissance et la gloire (The Power and the Glory)* de Graham Greene et de *Pour qui sonne le glas (For Whom the Bell Tolls)* d'Ernest Hemingway.

Avril. Virginia donne une conférence à la Worker's Educational Association.

Mai. Les Woolf prennent la décision qu'ils se suicideront si l'Angleterre est envahie. En juin, Adrian, le frère de Virginia, qui est médecin et psychanalyste, leur procure des doses mortelles de morphine.

25 juillet. Publication de *Roger Fry : A Biography*, la biographie que l'épouse du critique d'art et intime des Woolf avait demandé à Virginia d'écrire.

10 septembre. Le domicile des Woolf à Mecklenburgh Square est partiellement détruit dans les bombardements de Londres. La Hogarth Press s'installe à Letchworth dans les locaux de leur imprimeur, loin des raids aériens sur la capitale.

1941. Mort de Joyce.

26 février. Virginia achève *Entre les actes*, qui sera publié à titre posthume par Leonard en juillet.

Mars. Virginia sombre dans une profonde dépression.

28 mars. Elle met fin à ses jours en se noyant dans l'Ouse, une rivière proche de leur maison de Monk's House.

CATHERINE BERNARD

BIBLIOGRAPHIE SÉLECTIVE

JOURNAL DE VIRGINIA WOOLF

WOOLF, Virginia, *Diary*, 5 vol., dir. Anne Olivier Bell et Andrew McNeillie, Londres, The Hogarth Press, 1977-1984 ; rééd. Londres, Penguin, 1979-1985.

WOOLF, Virginia, *A Writer's Diary. Being Extracts From the Diary of Virginia Woolf*, dir. Leonard Woolf, Londres, The Hogarth Press, 1953 ; rééd., Londres, Triad, 1978 ; *Journal d'un écrivain*, trad. Germaine Beaumont, Paris, Christian Bourgois, coll. « 10 / 18 », 1984.

LEASKA, Mitchell A. (dir.), *A Passionate Apprentice. The Early Journals. 1897-1909*, Londres, The Hogarth Press, 1990.

ŒUVRE ROMANESQUE

Sauf indication contraire, tous les ouvrages de Virginia Woolf parus de son vivant (romans et essais) sont publiés à Londres par la Hogarth Press.

Ouvrages publiés par l'auteure

The Voyage Out, Londres, Duckworth, 1915.
Night and Day, Londres, Duckworth, 1919.
Two Stories, 1917 (contient « The Mark on the Wall »
   de Virginia Woolf, et « Three Jews » de Leonard
   Woolf).
Kew Gardens, avec deux bois gravés de Vanessa Bell,
   1919 ; 2ᵉ édition avec des gravures nouvelles de Vanessa
   Bell encadrant le texte à chaque page, 1927.
Monday or Tuesday, avec quatre illustrations de Vanessa
   Bell, 1921.
Jacob's Room, 1922.
Mr. Bennett and Mrs. Brown, 1924.
The Common Reader, 1925.
Mrs. Dalloway, 1925.
To the Lighthouse, 1927.
Orlando : A Biography, avec des illustrations originales
   diverses, 1928.
A Room of One's Own, 1929.
On Being Ill, 1930.
The Waves, 1931.
A Letter to a Young Poet, 1932.
The Common Reader : Second Series, 1932.
Flush : A Biography, avec des illustrations originales
   diverses, 1933.
Walter Sickert : A Conversation, 1934.
The Years, 1937.
Three Guineas, 1938.
Reviewing, 1939.
Roger Fry : A Biography, 1940.

Principaux ouvrages publiés
après la mort de l'auteure

Between the Acts, éd. Leonard Woolf, 1941.
The Haunted House and Other Short Stories, éd. Leonard
   Woolf, 1942.

Mrs. Dalloway's Party. A Short Story Sequence, éd. Stella McNichol, 1973.

Freshwater : A Comedy, Lucio Ruotolo éd., 1976.

Pour les traductions en français, voir Virginia Woolf, *Œuvres romanesques*, dir. Jacques Aubert, 2 vol., Gallimard, Bibliothèque de la Pléiade, 2012.

ESSAIS

On distinguera ici les essais et recueils originaux publiés du vivant de l'auteure et donc élaborés par elle et les recueils publiés à titre posthume.

*Essais et recueils d'essais
parus du vivant de l'auteure*

Mr. Bennett and Mrs. Brown, Hogarth Essays, 1924.
The Common Reader, vol. 1, 1925.
A Room of One's Own, 1929.
On Being Ill, Hogarth Press Pamphlets, 1930.
A Letter to a Young Poet, Letters series, 1932.
The Common Reader : Second Series, 1932.
Walter Sickert : A Conversation, 1934.
Three Guineas, 1938.
Reviewing, Hogarth Sixpenny Pamphlets, 1939.

*Recueils publiés à titre posthume
par ordre chronologique de parution*

The Death of the Moth and Other Essays, éd. Leonard Woolf, Londres, The Hogarth Press, 1942.
The Moment and Other Essays, éd. Leonard Woolf, Londres, The Hogarth Press, 1947.
The Captain's Death Bed and Other Essays, éd. Leonard Woolf, Londres, The Hogarth Press, 1950.

Granite and Rainbow. Essays on the Art of Fiction and the Art of Biography, éd. Leonard Woolf, Londres, The Hogarth Press, 1958.

« "Anon" and "The Reader" : Virginia Woolf's Last Essays », éd. Brenda R. Silver, *Twentieth Century Literature*, 25 : 3 / 4, 1979, p. 356-441.

Moments of Being, éd. Jeanne Schulkind, 1976 ; éd. révisée Hermione Lee, Londres, Pimlico, 2002.

Compilations

Collected Essays, 4 vol., éd. Leonard Woolf, Londres, The Hogarth Press, 1966-1967.

The Essays of Virginia Woolf, 6 vol., éd. Andrew McNeillie, puis Stuart N. Clarke, Londres, The Hogarth Press, 1986-2011.

A Woman's Essays, éd. Rachel Bowlby, Londres, Penguin, 1992.

The Crowded Dance of Modern Life, éd. Rachel Bowlby, Londres, Penguin, 1993.

Traductions françaises
par ordre chronologique de parution

Une chambre à soi, trad. Clara Malraux, 1951 ; rééd. Paris, Denoël, 1977.

Instants de vie, trad. Colette-Marie Huet, préface Viviane Forrester, 1977 ; rééd. Paris, Stock, 2006.

Trois guinées, trad. Viviane Forrester, Paris, Des femmes, 1977 ; rééd. Paris, 10 / 18, 2002.

Les Fruits étranges et brillants de l'art, trad. Sylvie Durastanti, Paris, Des femmes, 1983.

De la lecture et de la critique, trad. Sylvie Durastanti, Paris, Des femmes, 1989.

La Maison de Carlyle et autres esquisses, trad. Agnès Desarthe, préface Geneviève Brisac, Paris, Mercure de France, 2004.

Le Commun des lecteurs, trad. Céline Candiard, Paris,
   L'Arche, 2004.
La Scène londonienne, trad. Pierre Alien, Paris, Christian
   Bourgois, 2006.
De la maladie, trad. Élise Argaud, Paris, Rivages, 2007.
Comment lire un livre, trad. Céline Candiard, Paris,
   L'Arche, 2008.
L'Écrivain et la vie et autres essais, trad. Élise Argaud,
   Paris, Rivages, 2008.
Suis-je snob ? et autres textes, trad. Maxime Rovere, Paris,
   Rivages, Petite Bibliothèque, 2011.
Une pièce bien à soi, trad. Élise Argaud, Paris,
   Payot & Rivages, 2011.
Le Cinéma et autres essais, trad. Frédéric Chaleil et Jeanne
   Fournier-Pargoire, Paris, Les Éditions de Paris, 2012.
Articles. 1916-1929, trad. Sylvie Durastanti, Clara Malraux
   et Viviane Forrester, dans *Romans, essais*, Paris, Galli-
   mard, coll. « Quarto », 2014.
*Entre les livres. Essais sur les littératures russe et anglo-
   américaine*, trad. Jean Pavans, Paris, Éditions de la
   Différence, 2014.
Rire ou ne pas rire. Anthologie (1905-1929), trad. Caroline
   Marie et Nathalie Pavec, Paris, Éditions de la Diffé-
   rence, 2014.
Sur les inconvénients de ne pas parler français, trad. Christine Le Bœuf, préface Alberto Manguel, Paris, Éditions
   de l'Escampette, 2014.

BIOGRAPHIES DE VIRGINIA WOOLF
ET CHRONOLOGIE

BELL, Quentin, *Virginia Woolf, A Biography*, Londres, The
   Hogarth Press, 1972.
BISHOP, Edward, *A Virginia Woolf Chronology*, Boston,
   G. K. Hall & Co., 1988.
BRIGGS, Julia, *Virginia Woolf : An Inner Life*, Londres,
   Allen Lane, 2005.

DiBATTISTA, Maria, *Imagining Virginia Woolf : An Expe-
riment in Critical Biography*, Princeton, Princeton University Press, 2009.
LEE, Hermione, *Virginia Woolf*, Londres, Chatto & Windus, 1996.
NICOLSON, Nigel, *Virginia Woolf*, New York, Viking, 2000.

OUVRAGES CRITIQUES
PORTANT SUR LES ESSAIS

BERNARD, Catherine et LANONE, Catherine, « Woolf lec-
trice / Woolf critique », *Études britanniques contempo-
raines*, numéro hors série, automne 2007.
BERNARD, Catherine (dir.), *Woolf as Reader / Woolf as
Critic or, the Art of Reading in the Present*, Montpellier,
Presses universitaires de la Méditerranée, 2011.
BROSNAN, Leila, *Reading Virginia Woolf's Essays and
Journalism*, Édimbourg, Edinburgh University Press,
1997.
CUDDY-KEANE, Melba, *Virginia Woolf, the Intellec-
tual & the Public Sphere*, Cambridge, Cambridge Uni-
versity Press, 2003.
DUSINBERRE, Juliet, *Virginia Woolf's Renaissance : Woman
Reader or Common Reader ?*, Basingstoke, Macmillan,
1997.
GOLDMAN, Mark, *The Reader's Art : Virginia Woolf as a
Literary Critic*, La Haye, Mouton, 1976.
GUALTIERI, Elena, *Virginia Woolf's Essays. Sketching the
Past*, Londres, Ashgate, 2000.
KOUTSANTONI, Katerina, *Virginia Woolf's Common Reader*,
Londres, Ashgate, 2009.
REGARD, Frédéric, *La Force du féminin. Sur trois essais
de Virginia Woolf*, Paris, La Fabrique, 2002.
ROSENBERG, Beth Carol et DUBINO, Jeanne (dir.), *Virgi-
nia Woolf and the Essay*, New York, St. Martin's Press,
1997.

SALOMAN, Randi, *Virginia Woolf's Essayism*, Édimbourg, Edinburgh University Press, 2012.

SHARMA, Vijay L., *Virginia Woolf as Literary Critic. A Revaluation*, New Delhi, Arnold-Heineman, 1977.

OUVRAGES GÉNÉRAUX
SUR L'ŒUVRE DE VIRGINIA WOOLF

Dans l'immense production critique qu'a suscitée l'œuvre de Virginia Woolf, on a choisi de privilégier les ouvrages permettant de situer son œuvre d'essayiste dans un contexte plus large.

BEER, Gillian, *Virginia Woolf : The Common Ground*, Édimbourg, Edinburgh University Press, 1996.

BERNARD, Catherine et REYNIER, Christine (dir.), *Virginia Woolf. Le Pur et l'impur*, colloque de Cerisy 2001, Rennes, Presses universitaires de Rennes, 2002.

BOWLBY, Rachel, *Virginia Woolf. Feminist Destinations and Further Essays on Virginia Woolf*, 1988, Édimbourg, Edinburgh University Press, 1997.

DE GAY, Jane, *Virginia Woolf's Novels and the Literary Past*, Édimbourg, Edinburgh University Press, 2007.

MAJUMDAR, Robin et MCLAURIN, Allen (dir.), *Virginia Woolf, the Critical Heritage*, Londres, Routledge, 1975.

MCNEES, Eleanor (dir.), *Virginia Woolf : Critical Assessments*, 4 vol., Londres, Routledge, 1994.

RICŒUR, Paul, *Temps et récit. II. La Configuration dans le récit de fiction*, Paris, Le Seuil, coll. « Points », 1984.

ROE, Sue et SELLERS, Susan (dir.), *The Cambridge Companion to Virginia Woolf*, Cambridge, Cambridge University Press, 2000.

MARCUS, Laura, *Virginia Woolf*, Tavistock, Northcote House, 2004.

WHITWORTH, Michael H., *Virginia Woolf. Authors in Context*, Oxford, Oxford University Press, Oxford World's Classics, 2005.

SITES INTERNET DE RÉFÉRENCE

The Virginia Woolf Society of Great Britain : http://www.
virginiawoolfsociety.co.uk
The International Virginia Woolf Society : http://www.
utoronto.ca/IVWS/

CATHERINE BERNARD

NOTICES

UN COLLÈGE DE JEUNES FILLES
VU DE L'EXTÉRIEUR

Avant d'être publiée à part sous ce titre dans la revue féministe de l'université d'Édimbourg, *Atalanta's Garland : Being the Book of the Edinburgh University Women's Union* (1926), cette nouvelle, écrite en 1920 et reprise plusieurs fois, fut initialement conçue pour figurer dans le chapitre X de *La Chambre de Jacob*. Elle est consacrée à la vie d'Angela Edwards, étudiante à Newnham College, à Cambridge, et son texte n'apparaît que dans le manuscrit et le dactylogramme du roman. « Angela » y est nommée plusieurs fois « Miranda », ce qui suggère un lien entre cette nouvelle et « Dans le verger[1] », lien que renforcent le mode poétique du récit et une similitude narrative : le songe d'une jeune fille, endormie pour Miranda, éveillée pour Angela, dont le ravissement est élevé à la dimension d'un moment poétique. Au cours d'une nuit de veille, elle se remémore, dans une sorte de transport, le geste d'une condisciple (« elle s'était inclinée et l'avait embrassée, ou tout au moins avait effleuré sa tête de la main ») qui pour elle a été source d'un ravissement mêlé de « fièvre » et de

---

1. Voir p. 55.

« stupeur » : « lorsque s'était incliné l'arbre miraculeux, un fruit d'or à la cime — ne lui était-il pas tombé dans les bras ? » L'objet de l'émoi a-t-il une autre consistance que la trace brillante laissée dans sa chute ? Est-il autre chose qu'un reflet d'elle-même, « intouchable, impensable et indicible, que l'on devait se contenter de laisser briller là[1] » (p. 30) ? C'est cet indicible que Virginia Woolf s'attache à tenter de faire advenir poétiquement dans ce qu'elle nommera des « moments d'être ».

UNE SOCIÉTÉ

Le 26 septembre 1920, Virginia Woolf note dans son Journal qu'elle écrit un article sur les femmes « pour contrer les opinions misogynes répandues par Mr. Bennett[2] » dans son recueil d'essais intitulé *Nos femmes* (1920). Arnold Bennett (1867-1931), surtout connu comme romancier, y répartit les hommes et les femmes selon leur aptitude supposée à la civilisation. Son argument tient en peu de mots et postule, *primo*, que « l'homme est supérieur à la femme dans les domaines de l'intellect et de la création » ; *secundo*, qu'aucune éducation ne permettra jamais aux femmes d'égaler les hommes à cet égard. On peut lire « Une société » comme une version fictionnelle ironique de cet article qui ne fut, semble-t-il, jamais écrit. Est-ce, comme on le prétend parfois, un texte précurseur d'*Une chambre à soi* ? Rien n'est moins sûr.

En fait, Virginia Woolf répondit indirectement à Arnold Bennett dans une lettre adressée à Desmond MacCarthy,

---

1. Sur « l'arbre miraculeux » comme écho à une nouvelle de Katherine Mansfield, voir p. 29, n. 2.
2. 26 septembre 1920, *The Diary of Virginia Woolf* [désormais abrégé : *Diary*], éd. Anne Olivier Bell, intro. Quentin Bell, 5 vol., 1977-1984 ; rééd. Londres, Penguin Books, 1979-1985, t. II, p. 69. Notons que le jour même où elle annonce cette intention, Virginia Woolf s'accuse d'éprouver vis-à-vis de Leonard un sentiment d'infériorité dans tous les domaines.

chroniqueur hebdomadaire du *New Statesman* sous le pseudonyme de « Faucon affable ». Tout aussi misogyne que Bennett, il avait consacré une recension élogieuse au livre de celui-ci. Cette lettre parut le 2 octobre 1920 sous le titre : « Le Statut intellectuel des femmes » et fut suivie d'une autre qui faisait l'apologie de la poétesse Sappho ainsi que de la musicienne Ethel Smyth (ardente suffragette des années 1890 que Virginia rencontra plus tard, lors de la publication d'*Une chambre à soi*). Virginia Woolf plaidait pour l'accès des femmes à des études supérieures, à la création artistique ou littéraire et à la « liberté d'être différentes », « car l'avilissement lié au statut d'esclave n'a d'égal que l'avilissement lié à celui de maître[1] ».

On retrouve dans « Une société » à la fois des noms (Sappho, Mr. Bennett) et des arguments présents dans les lettres au *New Statesman*. Virginia Woolf conduit le combat sur deux fronts : le statut intellectuel des femmes et la maternité, socle de la civilisation selon elle. Ainsi l'activité essentielle des demoiselles de la « société » consiste dans l'évaluation des progrès accomplis par la civilisation au regard d'un principe intangible selon lequel « la finalité de la vie [est] de rendre les êtres meilleurs et de produire de bons livres » (p. 34-35). Virginia Woolf bat en brèche l'idée de l'inéducabilité des femmes, mais à un point crucial de la nouvelle, Castalia, la bien nommée[2], renonce aux idéaux intellectuels et choisit l'amour et la maternité hors mariage contre le principe séculaire de la chasteté féminine, ce qui lui vaut sa promotion au rang de présidente de la société. À cet instant précis, la guerre éclate, la société est dissoute, le monde civilisé se disloque.

Dans ses « Considérations actuelles sur la guerre et sur la mort » (1915) — que Virginia Woolf lut au début de la Seconde Guerre mondiale[3] —, Freud montre que la

---

1. *Diary*, t. II, Appendix III, p. 339-342.
2. Voir p. 41, n. 1.
3. Voir Hermione Lee, *Virginia Woolf*, Londres, Chatto & Windus, 1996, p. 722.

guerre est une conséquence de la civilisation et non l'inverse, et il démasque, dans les soubassements de celle-ci,
des pulsions qui, refoulées ou détournées vers des buts
sublimés, demeurent indéracinables. Elles sont à la fois
le ferment de la culture et des destructions dont la guerre
est responsable. Les demoiselles de la société font la
cruelle expérience de cette destructivité et de la préca-
rité de leurs idéaux. Comme l'indique Lyndall Gordon
dans l'article biographique qu'elle a consacré à l'écrivain
dans l'*Oxford Dictionary of National Biography*, le fémi-
nisme de Virginia Woolf se résume, au départ, à une
croyance dans une tradition féminine qui se passe de
mère en fille mais exige pour s'épanouir que soit recon-
nue l'égalité intellectuelle des hommes et des femmes. Ce
thème traverse les premières nouvelles comme « Phyllis
et Rosamond » ou « Le Journal de maistresse Joan Mar-
tyn ». Ici pourtant, après la Grande Guerre, la désillusion
conduit les militantes de la défunte société à plaider pour
l'ignorance, car ni l'intelligence ni les livres ne sont à la
hauteur de l'hiatus introduit par la civilisation elle-même
dans le rapport entre les hommes et les femmes ; entre
les êtres humains et leurs idéaux : bonheur, bien, paix.
Et c'est ainsi sous forme d'une transmission impossible
que le fardeau de la civilisation abandonné par la mère
retombe sur les épaules de la fille : « pauvre petite ! »
conclut la nouvelle.

Contrairement aux lettres au *New Statesman*, « Une
société » n'est pas un texte polémique mais une satire
somme toute très pessimiste et ironique, qui, au-delà du
combat féministe et de ses désillusions, interroge la fonc-
tion de la littérature : « Les livres n'étaient pas ce que
nous croyions » (p. 32), proclament les sociétaires, « la
vérité n'a rien à voir avec la littérature » (p. 49). Sont-
elles des porte-parole de Virginia Woolf ? En tout cas, la
littérature n'est pas pour elle le champ d'un débat sur la
vérité, le bien ou le bon. Elle se justifie par l'émergence
contingente d'un Shakespeare ou d'une Jane Austen,
d'une nouvelle forme littéraire, d'une langue et d'un style

originaux qui tranchent dans la continuité imaginaire de la culture telle qu'elle paraît figée sur les rayons de la London Library. Les minutes de la société sont réduites, à la fin, au statut d'archives d'une illusion. La forme dialogique de la nouvelle marque une étape dans l'expérimentation formelle de Virginia Woolf, où domine alors le souci de « capturer le cœur humain [...] dans les filets des dialogues[1] ». On est loin de la fluidité du « flux de conscience » (*stream of consciousness*), qui sera l'étape suivante, dès la rédaction de « La Marque sur le mur » et d'« Un roman à écrire[2] ».

DANS LE VERGER

Virginia Woolf évoque cette nouvelle sous son titre définitif (« In the Orchard ») dans une lettre à Katherine Arnold Forster, datée du 23 août 1922[3]. Elle l'avait confiée pour lecture à T. S. Eliot, dont la Hogarth Press allait publier *La Terre vaine*. « Dans le verger » parut dans *Criterion* en avril 1923 puis, sans modifications, dans *Broom* (septembre 1923), petite revue d'avant-garde publiée à New York de novembre 1921 à janvier 1924 et codirigée par Harold Loeb, cousin de Peggy Guggenheim.

Contemporain de *La Chambre de Jacob*, ce texte évoque la rêverie d'une jeune fille sur un mode poétique qu'Hermione Lee rapproche de la peinture « postimpressionniste » (Hermione Lee, *Virginia Woolf, op. cit.*, p. 444), et qui a des connotations proustiennes. On trouve plusieurs allusions à Proust dans le Journal des années

---

1. 26 janvier 1920, *Diary*, t. II, p. 13-14.
2. Voir *Lundi ou mardi*, dans *Œuvres romanesques*, t. I, Bibliothèque de la Pléiade, p. 851 et 880.
3. *The Letters of Virginia Woolf* [désormais abrégé : *Letters*], éd. Nigel Nicolson et Joanne Trautmann, 6 vol., Londres, The Hogarth Press, 1978-1980, t. II, p. 549.

1920-1924[1], et la façon dont la jeune fille endormie sous
un pommier semble mêler, dans sa rêverie, les éléments
du paysage qui l'entoure et les images tirées du livre
qu'elle était en train de lire — une citation en français
permet de l'identifier comme étant *Ramuntcho* (1897)
de Pierre Loti — peut en effet évoquer les rêveries du
jeune narrateur de la *Recherche* autour de ses lectures
à Combray.

Les notations sensorielles dominent, phoniques parti-
culièrement : cris, coups de gongs, grincements, flots et
rumeurs éclatent par-dessus « le rire des filles » — sans
qu'on sache s'il s'agit de bruits environnant Miranda ou
bien, hors contexte, des échos, des cloches et des fracas du roman de Pierre Loti[2] —, puis se dispersent et
orchestrent la tension entre ordre et chaos. Les images et
les sons se répondent et déchirent les tableaux successifs.
Pas plus que chez Proust, la rêverie n'est une donnée
phénoménologique, elle est une élaboration poétique et
une métaphore de l'écriture fictionnelle comme tentative
de créer « un motif » (*a pattern*). Au réveil de Miranda,
les pommes projetées dans les airs (balles de la partie
de pelote ?) regagnent d'elles-mêmes leur place sur les
branches. Ainsi la fracture entre le monde extérieur et le
monde onirique et artistique semble s'abolir, mais le texte
révèle le piège inhérent à la représentation : on ne peut
en sortir. Car quand par trois fois la jeune fille énonce
qu'elle est en retard pour le thé, elle disqualifie l'illusion tout en référant à un autre monde fictionnel, celui
d'*Alice au pays des merveilles* et son célèbre « thé chez les
fous » (chap. VII). Reste sa voix qui, en venant ponctuer le

1. Virginia Woolf avait connu son œuvre, qu'elle admirait, par l'in-
termédiaire de Roger Fry (voir, à la date du 18 avril 1918, *Diary*, t. I,
p. 140 et note). Le 7 janvier 1923, elle note qu'elle va peut-être lire un
nouveau volume de Proust (voir *ibid.*, t. II, p. 225).
2. Dans son roman, Loti évoque les cris poussés par les joueurs
de pelote basque qui s'affrontent un beau soir d'avril, après qu'on a
entendu sonner les « cloches de Pâques » puis « un grand bruit dis-
sonant et moqueur [...] dans le lointain, des fracas de ferraille, des
sifflets : un train de Paris à Madrid ».

désordre sonore, en signe la dimension poétique au-delà de la représentation.

MOMENTS D'ÊTRE :
« LES ÉPINGLES DE CHEZ SLATER
NE PIQUENT PAS »

La nouvelle « Moments of Being : Slater's Pins Have no Points » fut écrite aussitôt après *Vers le Phare*, et publiée dans la revue *Forum* en janvier 1928. Le 5 septembre 1926, Virginia Woolf note dans son Journal : « Comme toujours, les histoires secondaires jaillissent avec une grande variété, tandis que je termine cela [ses corrections de *Vers le Phare*] : un livre de portraits ; toute une ribambelle tirée d'une phrase aussi simple que cette déclaration de Clara Pater : "Vous ne trouvez pas que les épingles de chez Barker ne piquent pas[1] ?" » Clara Ann Pater (1841-1910), sœur de l'historien d'art Walter Pater, avait été le professeur de Virginia Woolf au département féminin du King's College de Londres, où elle avait enseigné les lettres classiques entre 1898 et 1900. Le titre de cette nouvelle constitue la première occurrence dans l'œuvre de Virginia Woolf de l'expression « moments d'être », expression qui réapparaîtra dans « A Sketch of the Past » et sera choisie en 1985 par Susan Dick pour intituler le recueil d'essais autobiographiques *Moments of Being*. Ces « moments d'être » correspondent généralement à des sortes de « visions » ou d'extases poétiques ou mystiques. Dans son Journal, le 1er novembre 1937, Virginia Woolf rapporte de tels moments de « vision », quand un spectacle, un mot ou une phrase provoque en elle un choc émotionnel, et elle se demande si ce ne sont pas exclusivement ces « visions » qui devraient constituer la matière de la fiction[2]. Ici, le ravissement se teinte de

1. *Diary*, t. III, p. 106.
2. *Ibid*., t. V, p. 118.

connotations que Virginia Woolf nomme « saphiques »,
selon la terminologie en vogue[1]. On pourra sous cet angle
rapprocher la fin de cette nouvelle et l'exaltation suscitée
par le baiser de Julia d'« Un collège de jeunes filles vu de
l'extérieur », où, lors d'une rêverie, Angela Williams se
remémore ce qu'elle a éprouvé lorsque Alice, une autre
étudiante, s'est penchée soudain sur elle et l'a embrassée
ou a peut-être seulement posé sa main sur sa tête[2].

LAPPIN ET LAPINOVA

Ébauchée dès 1919, la nouvelle « Lappin and Lapinova » fut reprise par Virginia Woolf en novembre 1938
pour répondre à une commande du *Harper's Bazaar*. Le
magazine l'acheta pour 600 dollars en janvier 1939 et
la publia en avril de la même année, simultanément à
Londres et à New York. Le thème central de ce texte
bref est le mariage. Dans une lettre datée du 24 octobre
1938 et citée par Susan Dick, Virginia Woolf écrit à
Vanessa qu'elle ne peut la rejoindre en France parce que
la séparation les rend trop malheureux, Leonard et elle :
« C'est le pire échec qui soit — le mariage, je m'en suis
rendu compte pour la première fois [...], nous réduit à
une lamentable servitude. Impossible de l'empêcher. J'ai
l'intention d'écrire une comédie sur ce sujet[3]. »

« Lappin et Lapinova » nous donne une version poétique de ce que Virginia Woolf a pu construire, dans le
mariage singulier qui l'unissait à Leonard et où la littérature avait une place prépondérante, pour combattre la

---

1. Le 8 juillet 1927, Virginia Woolf confie à son amie Vita Sackville-
West, à propos de cette nouvelle : « Je viens d'écrire, ou récrire, une
jolie petite histoire de saphisme, pour les Américains » (*Letters*, t. III,
p. 397). Le 14 octobre, elle annonce à son amie que les Américains lui
ont payé sa nouvelle 60 livres, et que le rédacteur en chef n'y a vu que
du feu (*ibid.*, p. 431).

2. Voir cette nouvelle p. 25.

3. *Letters*, t. IV, p. 294.

pulsion de mort et la folie. Hermione Lee signale le peu d'appétence de Virginia Woolf pour la sexualité au sens strict, et souligne chez elle « une intense sensualité, une sensibilité érotique aux gens et aux paysages, aux langues et aux atmosphères, et une tension physique[1] ». Elle relate certains usages secrets de la vie intime du couple qui ont pu inspirer ce texte, en particulier l'usage de petits noms comme *little beast* (« petite bête sauvage »), *marmot* (« marmotte[2] ») ».

LE LEGS

Selon Anne Olivier Bell, citée par Susan Dick, « The Legacy » pourrait avoir son origine dans une visite que l'auteure rendit à Philip Morrell, après la mort de Lady Ottoline Morrell. Il lui montra les Mémoires de son épouse et la pria de prendre quelques souvenirs. D'après son Journal, Virginia Woolf choisit un châle, un éventail et un écrin en chagrin vert contenant une grosse bague verte et des boucles d'oreilles en perle[3].

Le 17 octobre 1940, elle rapporte que le *Harper's Bazaar* lui a « réclamé un article ou une nouvelle de toute urgence[4] ». Elle envoya « Le Legs » au magazine qui en accusa réception le 4 novembre 1940. À sa grande indignation pourtant, le bureau londonien du *Harper's Bazaar* l'informa que New York le refusait. La nouvelle ne parut qu'en 1944 dans le recueil posthume *A Haunted House*.

On a retrouvé un brouillon holographe du « Legs » ainsi que deux dactylogrammes complets et six autres, fragmentaires. En retravaillant l'histoire, Virginia Woolf a changé l'identité de B. M. pour en faire le frère de Sissy

1. Hermione Lee, *Virginia Woolf, op. cit.*, p. 332.
2. Voir par exemple les lettres que Virginia écrit à Leonard, sa « chère mangouste », et signe du nom de « Mandrill » (sorte de babouin) ou « ton M. » (*Letters*, t. II, juillet-décembre 1913, p. 32-44).
3. 12 mai 1938, *Diary*, t. V, p. 140-141.
4. *Diary*, t. V, p. 329.

Miller dans le deuxième dactylogramme. Les connotations introduites par le prénom « Sissy » ajoutent une
touche d'ironie : *sissy*, diminutif de *sister* (« sœur »), entre
dans l'usage commun au milieu du XIXe siècle ; l'adjectif
sissy signifie « faible », « efféminé ». Dans « Le Legs »,
l'ironie affecte la structure même du récit et son code
tragi-comique. L'histoire gravite autour d'un malentendu
entretenu tout au long par l'ironie dramatique, qui procure au lecteur des indices lui permettant de devancer
le héros dans sa quête d'une vérité funeste : sa femme
s'est suicidée pour rejoindre son amoureux, qui s'était
lui-même suicidé la veille. C'est en lisant le journal intime
de la défunte qu'il apprend son malheur, découvrant à la
fois son rôle de victime trompée et son rôle de bourreau.
Gilbert Clandon — prototype des maris de comédie cap-
tifs de leur aveuglement, mais aussi homme politique, à
l'instar de Leonard Woolf, quoique celui-ci fût travailliste et non conservateur — est lui-même un lecteur, en
outre un lecteur manipulé, qui livre un commentaire de
sa lecture. Mais le texte offre de multiples renversements
et points d'abyme.

MICHÈLE RIVOIRE

NOTES

UN COLLÈGE DE JEUNES FILLES
VU DE L'EXTÉRIEUR

Page 25.

1. Cette première phrase apparaît aussi dans *La Chambre de Jacob* (chap. III, Folio classique, p. 80).

2. *Newnham* : collège de Cambridge réservé aux jeunes filles, le deuxième après Girton College ; Newnham College fut fondé en 1871 par Henry Sidgwick.

Page 29.

1. *Bamborough Castle* : le château de Bamburgh, imposante fortification datant de l'époque normande, est situé sur la côte du Northumberland.

2. La métaphore de l'*arbre miraculeux* associée à l'attirance d'une femme pour une autre fait immanquablement penser à une nouvelle de Katherine Mansfield, « Félicité » (« Bliss »), que Virginia Woolf avait jugée superficielle lors de sa lecture dans l'*English Review*, et qui l'avait troublée (voir la lettre à Vanessa Bell datée du 9 août 1918 ; *Letters*, t. II, p. 266). « Félicité » donnera son titre au volume de Katherine Mansfield publié en 1920, *Bliss and Other Stories*. Le 20 mars 1922, dans une lettre à Janet Case (*ibid.*, t. I, p. 514), Woolf se souvient

encore qu'elle avait trouvé « Félicité » « tellement brillante — tellement dure, et superficielle, et sentimentale
[qu'elle] avait dû se ruer sur la bibliothèque pour boire
quelque chose ». L'acmé de cette nouvelle est aussi un
« moment » vécu par le personnage principal, Bertha.
Qu'une « chère Bertha » soit nommée à deux reprises
dans le texte de Woolf s'entend sans doute comme un
écho ironique du texte de Mansfield. Les critiques ont fait
valoir l'homosexualité dont témoignent les deux histoires.
Chez Virginia Woolf, il s'agit d'un homo-érotisme diffus
conjoignant des composantes narcissiques de l'amour
pour une autre indistincte de soi, avec l'amour d'un objet
insaisissable, à la fois intime et tout autre. Dans « Félicité », en revanche, Bertha interroge le désir féminin et
attend un signe de son invitée, Miss Fulton, avec qui elle
s'imagine en état de totale communion. Au dénouement,
le signe arrive sous une forme cynique, lorsque Bertha
entrevoit que Miss Fulton est la maîtresse de son mari.
Katherine Mansfield manie avec art la poudre aux yeux
des semblants sexuels et son texte offre plusieurs versions
possibles de ce que veut une femme.

UNE SOCIÉTÉ

Page 31.

1. La *London Library*, la plus vaste bibliothèque de prêt
privée du monde, a été fondée par souscription en 1841
par un groupe d'aristocrates et de personnalités littéraires
que la politique de la British Library ne satisfaisait pas.

Page 33.

1. *Vies des Grands Chanceliers* : on pense aux biographies rédigées par Leslie Stephen pour le *Dictionary of
National Biography* de 1882 à 1891, et surtout aux *Victoriens éminents* (*Eminent Victorians*) de Lytton Strachey,
qui avait connu un succès foudroyant en 1918. Virginia

avait lu ce livre dès 1915, au fur et à mesure de sa rédaction et, contrairement à la biographie brocardée ici, il constituait à ses yeux un modèle novateur.

Page 35.

1. *Royal Academy* : Académie royale des arts, ouverte en 1769 à Burlington House, Piccadilly. Le peintre Joshua Reynolds en fut le premier président.

2. *Cour royale de Justice* : également nommé Law Courts, ce vaste bâtiment de Fleet Street abrite la cour d'appel et la Haute Cour de justice d'Angleterre et du pays de Galles.

3. Allusion au canular qui donna l'occasion à Virginia Woolf et à cinq complices déguisés, en février 1910, de monter à bord du *Dreadnought*, vaisseau de Sa Majesté, en se faisant passer pour l'empereur d'Abyssinie et sa suite (voir Quentin Bell, *Virginia Woolf. A Biography*, Londres, The Hogarth Press, 1972, p. 157-161).

Page 37.

1. Sans doute le *volume bleu pâle* en question est-il le *Golden Treasury* (1861) de F. T. Palgrave, anthologie poétique très populaire dont au moins une édition, augmentée de poèmes allant jusqu'à la fin du XIXe siècle (Londres, Henry Frowde, Oxford University Press, 1907), parut sous reliure de toile bleu pâle. — La phrase est empruntée à un poème d'Alfred Tennyson (1809-1892), « *Break, break, break* » (1842), v. 11-12.

2. Dernier vers (v. 8) de « Requiem », poème publié par Robert Louis Stevenson (1850-1894) dans *Underwoods* (1897) et dont le premier quatrain est gravé sur sa tombe.

3. Robert Burns (1759-1795), « *It was a' for our Rightfu' King…* », v. 15.

4. La source précise de ce topos (« *Love is sweet, love is brief* ») n'a pu être identifiée. Susan Dick propose d'y voir une allusion à l'« Hymne à Proserpine » (1866) d'Algernon C. Swinburne (1837-1909), v. 37 (« *love is sweet for a day* »). On peut aussi y voir un écho d'Hamlet (acte III,

sc. II : « OPHÉLIE : C'est bref, mon seigneur. / HAMLET :
Comme l'amour d'une femme »).

5. Premier vers de « Printemps » de Thomas Nashe
(1567-v. 1601), poème qui ouvre l'anthologie de Palgrave.

6. Il s'agit des deux premiers vers de « Pensées d'Angleterre, à l'étranger » (« *Home-thoughts From Abroad* »),
de Robert Browning (1812-1889).

7. Refrain des « Trois pêcheurs » de Charles Kings-
ley (1819-1875). Dans *Traversées* (chap. XV), Woolf cite
déjà l'une des formules misogynes de ce réformateur très
chrétien.

8. Tennyson, « Ode sur la mort du duc de Wellington »,
v. 202.

Page 38.

1. *Le pli de l'Union Jack* : le drapeau britannique est
ici la métaphore du patriotisme verbeux de certaines
citations.

2. *Oxbridge* : mot-valise pour désigner les universités
d'Oxford et de Cambridge.

Page 39.

1. *Sappho* : c'est à la poétesse de Lesbos qu'était consacrée la deuxième lettre de Virginia Woolf au chroniqueur
du *New Statesman* (voir les Notices, p. 123).

Page 41.

1. *Castalia* : dans la mythologie grecque, Castalie était
une jeune fille de Delphes qui, poursuivie par Apollon,
préféra se jeter dans la source du temple plutôt que de
céder aux avances du dieu.

Page 48.

1. H. G. *Wells* (1866-1946), romancier prolifique, resté
célèbre pour ses œuvres de science-fiction, notamment
La Machine à explorer le temps (1895), *L'Homme invisible*
(1897) ou *La Guerre des mondes* (1898). — Sur *Arnold Bennett*, voir les Notices, p. 122. — Sir *Compton Mackenzie*

(1883-1972) connut tôt le succès avec *Carnaval* (1912) et
L'Impasse (*Sinister Street*, 1914). — Stephen *McKenna*
(1888-1967), romancier populaire entre les deux guerres,
est aujourd'hui tombé dans l'oubli. — Hugh *Walpole*
(1884-1941), né en Nouvelle-Zélande, rencontra lui aussi
assez tôt un certain succès commercial, par exemple avec
La Cité secrète (1919).

DANS LE VERGER

Page 55.

1. Cette phrase en français est tirée du chapitre XIV de
Ramuntcho de Pierre Loti, son plus grand succès avec
Pêcheurs d'Islande. Voir les Notices, p. 126. — Les mots
en italique suivis d'une étoile noire * sont en français
dans le texte original.

2. *White butterfly* : nom commun de la piéride.

MOMENTS D'ÊTRE :
« LES ÉPINGLES DE CHEZ SLATER
NE PIQUENT PAS »

Page 63.

1. *Quelque chose d'étrange et de bizarre* : les adjectifs
odd et *queer* connotent une bizarrerie qui pourrait être
d'ordre sexuel. Le mot *queer* commença à être utilisé
défavorablement au sens d'« homosexuel » au début du
XXe siècle, sa première occurrence comme adjectif datant
de 1912.

Page 65.

1. Il s'agit de Kensington Gardens, anciens jardins pri-
vés de Kensington Palace, à l'ouest de Hyde Park.

Page 66.

1. Clin d'œil autobiographique.

2. *La Serpentine* : lac artificiel de Hyde Park en forme de serpent.

3. *L'Avon* : rivière qui traverse Stratford, ville natale de Shakespeare.

Page 67.

1. Leonard Woolf et Virginia avaient eux-mêmes fait une longue promenade en barque sur la Tamise le 29 mai 1912 peu après avoir décidé de s'épouser. Leonard Woolf l'évoque avec une rare émotion dans ses Mémoires. On retrouve cette scène dans plusieurs romans de Virginia Woolf : l'embarquement du couple Ambrose sur l'*Euphrosyne* dans la scène inaugurale de *Traversées* ; celle imaginée par Lily Briscoe, à la fin de *Vers le Phare*, où la future Mrs. Ramsay consent à épouser Mr. Ramsay à l'instant où il l'aide à descendre d'une barque et à prendre pied sur le rivage ; le souvenir d'une promenade en barque faite avec son mari évoqué par Mrs. Hilbery au chapitre XXXIII de *Nuit et jour*.

2. *Au fleuve* : la Tamise.

Page 68.

1. Le détail des migraines et le goût de Julia Craye pour les promenades et les paysages champêtres sont d'inspiration autobiographique.

2. *Hampton Court* : situé sur la rive gauche de la Tamise, à une vingtaine de kilomètres au sud-ouest de Londres, ce palais (édifié au début du XVIᵉ siècle pour le cardinal Wolsey, qui le céda à Henry), célèbre pour ses jardins (agrandis sous Guillaume III), est un lieu d'excursion cher aux Londoniens comme aux personnages de Virginia Woolf.

Page 70.

1. *Julia* : dans ces scènes émaillées d'allusions autobiographiques, ce prénom évoque celui de Julia Prinsep Ste-

phen, née Jackson (1846-1895), mère de Virginia Woolf. Ainsi l'image de Julia Craye se confond avec celle d'une autre Julia, venue d'une fiction personnelle, celle de la mère comme objet perdu. On peut se demander ce qui étreint Fanny et si même elle ne rêve pas ce baiser que lui donne « une étoile blanche morte ».

LAPPIN ET LAPINOVA

Page 72.

1. *Rosalind* : dans *Comme il vous plaira*, elle est l'une des plus séduisantes héroïnes de Shakespeare. Travestie, elle s'obstine à dissimuler son identité au pauvre Orlando, son amant. Dans *Nuit et jour* (chapitre XIV), Rodney dit de Katherine, personnage dans lequel Woolf a mis beaucoup d'elle-même, qu'elle « *est* Rosalind ».

Page 73.

1. *Il n'avait pas l'air d'un Ernest non plus* : autrement dit — par clin d'œil à la comédie d'Oscar Wilde *The Importance of Being Earnest* (*L'Importance d'être constant* [1895]) dont l'intrigue joue sur l'équivoque du terme *earnest* (« sérieux », « constant ») et du prénom Ernest —, il ne se distinguait ni par un sérieux ni par un dandysme excessifs.

2. *Porchester Terrace* : rue située dans le quartier chic de Bayswater et bordée de grandes villas avec jardins.

Page 74.

1. Le surnom passe de *rabbit*, traduit par « lapin » en français, à « lappin », invention poétique qui, en redoublant la lettre *p* dans le mot français, fait apparaître une symétrie formelle avec *rabbit*. Cette trouvaille donne à Ernest, dans une langue privée, un statut qui l'excepte de la brutalité des autres hommes et du langage commun. Elle permet provisoirement à Rosalind de trouver dans leur mariage un abri précaire contre la folie.

Page 80.

1. *Le Squire* : petit gentilhomme rural vivant sur son domaine.

Page 81.

1. *Le parc* : il s'agit de Hyde Park.

LE LEGS

Page 91.

1. *For he is a jolly good fellow* : chanson très populaire qui est chantée, sur l'air de *Malbrough s'en va-t-en guerre*, afin de féliciter quelqu'un à l'occasion d'un événement heureux.

Page 93.

1. L'*East End* réunit les quartiers populaires de Londres, par opposition au West End où se trouvent les quartiers chics. Eleanor Pargiter, dans *Les Années*, y a aussi des œuvres de charité.

Page 96.

1. *Mansion House* : palais du Lord-Maire de Londres.
2. Voir, dans *Antoine et Cléopâtre* de Shakespeare (acte IV, sc. xv), les paroles d'Antoine mourant auprès de Cléopâtre, qui, telle Angela, se suicidera à la suite de son amant : « Je meurs, Égypte, je meurs. »

MICHÈLE RIVOIRE

Composition Nord Compo
Impression Novoprint
à Barcelone le 5 mai 2021
Dépôt légal : mai 2021
1er dépôt légal dans la collection : janvier 2018

ISBN 978-2-07-275683-2 /. Imprimé en Espagne.